植民地時代に植樹→解放後に伐採→60年代に再植樹され、大らかに咲き誇る鎮海の桜。

鎮
い
ス
いか

ソウルの大統領官邸に近い高級住宅街・三清洞には瀟洒な日本家屋が多く残る。これは民族衣装の店として残っている例で、増設されたショーウインドーと韓国の石像、松の木が不思議な調和を成している。

群山　クンサン

街並みそのものが日本を感じさせる群山。これは月明洞で出合った洋館風の日本家屋。植民地時代に富裕層が住んだ家は、解放後もやはり富裕層に引き継がれたようだ。

古びた日本家屋には雪がよく似合う。ハングルの看板が写っていない月明洞の風景は、日本の田舎町と見まごうほど。

日本家屋が多く残る明山市場。植民地時代は海を渡ってやって来た娘たちが秋波を送る色町だった。解放後、遊郭は廃止され、朝鮮戦争のときは北からの避難民たちの臨時収容所となった。今、この建物ではおばあちゃんが唐辛子を商っている。

栄山浦　ヨンサンポ

植民地時代、水運の要衝だった栄華のときと現在の姿に、悲しいほどへだたりがある栄山浦の街。

江景 カンギョン

栄山浦とともに川の港として栄えた江景。これは文化財に指定されている「南一堂韓薬房」の建物。植民地時代、このあたりは露店が２キロも続く大規模市場だった。

木浦 モッポ

植民地時代は米や木綿の日本への積み出し港として、中国大陸への連絡港として、多くの日本人が住んだ木浦。これは木浦文化院(旧・日本領事館)の下に広がる旧・日本人居留地の街並み。

儒達山のふもとにある李東勲の邸宅。表側(p.113)からよりも、このように裏から見たほうが和風を感じさせる。

儒達洞で小さなスーパーとして生き残っている日本家屋。瓦は昔のままだそうだが、古さをあまり感じさせない。

釜山 プサン

植民地時代にリゾートとして開発された釜山の東莱温泉に建つ別荘。現在は韓定食レストランとして使われているので、ここで食事をとれば建物の内外を見学できる。

刺身が安く食べられるところとして日本人にもよく知られているチャガルチ市場。ここも日本家屋が多いが、潮風にさらされているせいか損傷が激しいものが目立つ。

富平洞で出合ったお屋敷は、40代の日本人にいわせれば「子どもの頃、遊びに行った親戚の家のよう」だという。植民地時代は女学生だったというお母さんは日本家屋に愛着をもっている。

東光洞の日本家屋（右側）。同じ港町である木浦と比べ、改装された家屋が多いのは、やはり都市としての経済力の差か。

鎮海　ジネ

全国的に有名な「軍港祭（桜祭り）」で賑わう鎮海の中園ロータリー。桜並木はここを中心に放射線状に伸びている。

鎮海を取材した日は、たまたま海軍士官学校の卒業式が行なわれていた。鎮海が軍港として整備され始めたのは植民地時代のこと。

軍港都市という性格上、かつては商業看板や高層建築などが規制されたため、街全体が整然と品よくまとまっている。これは開花前の桜の樹とペイントが施された日本家屋。

シックな印象の鎮海の街からは少々浮いた感じの補身湯（犬鍋）レストラン。もともとは入母屋造りの立派なお屋敷だったと思われる。

大邱　テグ

香村洞にあるこの家は玄関部分が洋風建築で、かつてはかなりの豪邸だったと思われるが、現在は質屋として存命中。背後の建物はモーテルで、一抹のさびしさはぬぐえない。

大邱駅近くに残る長屋街は日本の下町そのものだった。今はすさんだ雰囲気のドヤ街となっている。昼下がりで、ひと気は感じられないにもかかわらず、興味本位でそこにいることが許されない空気が漂う。聞こえて来たのは、若い女性のものと思われる渇いた咳と野良猫の鳴き声だけだった。

長屋街の近くで見つけた日本家屋。色褪せた看板にはヨインスク(旅人宿)と書かれているが、普通の宿ではなさそうだ。道端ではビキ(客引き)とおぼしき女性が日向ぼっこをしていた。

ソウル

上は現在のソウル光化門。植民地時代は背後の北岳山が「大」の字に見立てられたという。下は1993年撮影の光化門で、背後に旧・日本総督府庁舎がそびえたっている。この建物が上から見ると「日」の形を成し、「本」を表す旧・京城府庁舎（現・ソウル市庁）とともに「大日本」を表わしたという説がある。

朝鮮神宮があった南山のふもとで出合った日本家屋。夕涼みをしていたおばあさんが「日帝時代はこの近くに軍馬の厩舎があったんだよ」と教えてくれた。そのため、このあたりには厩務員たちの庶民的な住宅が多かった。

三清洞通り沿いにある韓定食店は、日本家屋のたたずまいがそのまま生かされている。

市立図書館から見下ろした新興洞の街並み。三角形の屋根瓦の多さから、大規模な日本人街だったことがわかる。

仁川 インチョン

新興洞で見つけた日本家屋。玄関部分が赤レンガで増強されているが、家主が愛着をもって住んでいる雰囲気が伝わってくる。

虹霓門近くで出合った安アパート風の日本家屋。日本的にいえば「ひと昔前の苦学生が本に埋もれて暮らしている」といった風情か。

港洞でノレバン（カラオケボックス）として生き長らえている入母屋造りの建物。派手なネオン看板がかえってさびし気だ。

SHODENSHA
SHINSHO

韓国の「昭和」を歩く

鄭 銀淑

祥伝社新書

はじめに

「ここは日本家屋の『宝庫』ですね」

韓国のある田舎町で、取材に同行した日本人がこう言った。

植民地時代の名残りを探して歩く旅なのだから、多くの日本家屋と出合えば自然に出てくる言葉なのだろうが、私たち韓国人にとって植民地時代に日本人が建てた家々は、まちがっても「宝」とは言えないものだ。実際、今でも「敵産家屋《チョクサンカオク》」という言葉が使われたりする。

しかし、もし私がガイドとして韓国の旧・日本人街を歩き、日本風の街並みや日本家屋を目にした日本人たちが、「懐かしい」とか「当時の日本の勢いはすごかったのだな」などと口にしたり、心の中で思ったとしても、私はそれに目くじら立てて怒ったり、たしなめたりすることはできそうにない。

「懐かしい」という自然な感情にケチをつけたら、その後のコミュニケーションがとれなくなってしまう。植民地支配については、政治家や学者ではない日韓の市井の人々が直に話し合うことが、なにより重要なことだと思う。話し合いのテーブルにつけなかったら元も子もないではないか。

だから、私は「懐かしい」という感情に水をさしたりはしない。その代わり、日本の人たちにも「懐かしい」の後にプラスαの何かを感じてもらいたい。もし、みなさんが住んでいる街に言葉の通じない外国人が押し寄せてきて、一等地に見慣れない家を次々に建て始めたら、どう感じるか。ほんの少し想像力を働かせてほしいのだ。

日本人は、植民地支配について「あまりにも無自覚な人」と「やたらと反省する人」の二極化が激しいのではないか。いずれのタイプと話をしても、ぎくしゃくしたものを感じてしまう。韓国人と日本人は、本当はもっと肩の力を抜いて話し合えるはずである。

竹島問題や教科書問題のテレビニュースに登場するヒステリックな隣人の姿で、おたがいを判断するのはあまりに危険だ。日本が再び軍国主義に向かって突き進み、韓国人が日本人と見ればナイフを突きつけるように反省と謝罪を求めるというのは、刺激的な映像ばかりを繰り返し見せる日韓のテレビ報道が生んだ誤解である。韓国人の「反日感情」は確かに強いが、日本人が思うほど攻撃的ではない。どちらかといえば、民族意識を高揚させるための内向きなものなのだ。恐れずに、世間話でもするように、韓国人に質問を投げかけてほしい。

「植民地時代をどう思いますか?」「植民地時代はどのように過ごしていましたか?」

そうすれば、「歴史上、日本はすべて悪者」「収奪に明け暮れた日本帝国主義」といったステレオタイプな日本観とはちがった、韓国人の本音と出合えるはずだ。

今回の取材では、じつにさまざまな植民地時代の建物と出合った。ただ朽ち果てていくのを待つだけの木造建築、十分な手入れによって昔の姿をそのままとどめているお屋敷、韓国式赤レンガで補強された和韓折衷の文化住宅などなど。いずれも日本の「大東亜共栄圏構想」という潰《つい》えた夢の残骸である。

日清・日露戦争に勝って勢いに乗り、東アジアで躍進と膨張を続けた日本の実体が、どれほど空虚なものだったとしても、植民地朝鮮を生きた日本人ひとりひとりは、私たち韓国人と同じ赤い血の流れる人間だったにちがいない。そう思うと、韓国では「日帝残滓《にっていざんし》」のひとことで片付けられてしまう日本家屋に対して、憐憫《れんびん》の思いがわいてきてしまう。

日本の人たちも、ぜひ韓国の旧・植民地の名残りのある街を訪ねてもらいたい。そして、静かにそこにたたずみ、何かを感じ、そこを立ち去っていただきたい。

本章が植民地支配について「何かを感じる」一助になれば、うれしく思う。

なお、韓国人にとってはかなり刺激的な『韓国の「昭和」を歩く』という書名は、祥伝社のみなさんに決めていただいた。また、本書で取り上げた建築物や逸話には、昭和期だけでなく、大正や明治時代末期のものもあることをお断りしておく。

鄭《チョン》 銀淑《ウンスク》

［目次］

三章　仁川《インチョン》、ソウル

協力　ハン・グァンソク（スタジオ太陽社）
キム・チュンギュ（群山市文化観光課）
チェ・ジョンヘ（釜山近代歴史館）
チョン・ムヨン（釜山市立博物館・日本語奉仕会）
ソウル市史編纂委員会

朝鮮半島図

★が本書の取材エリア

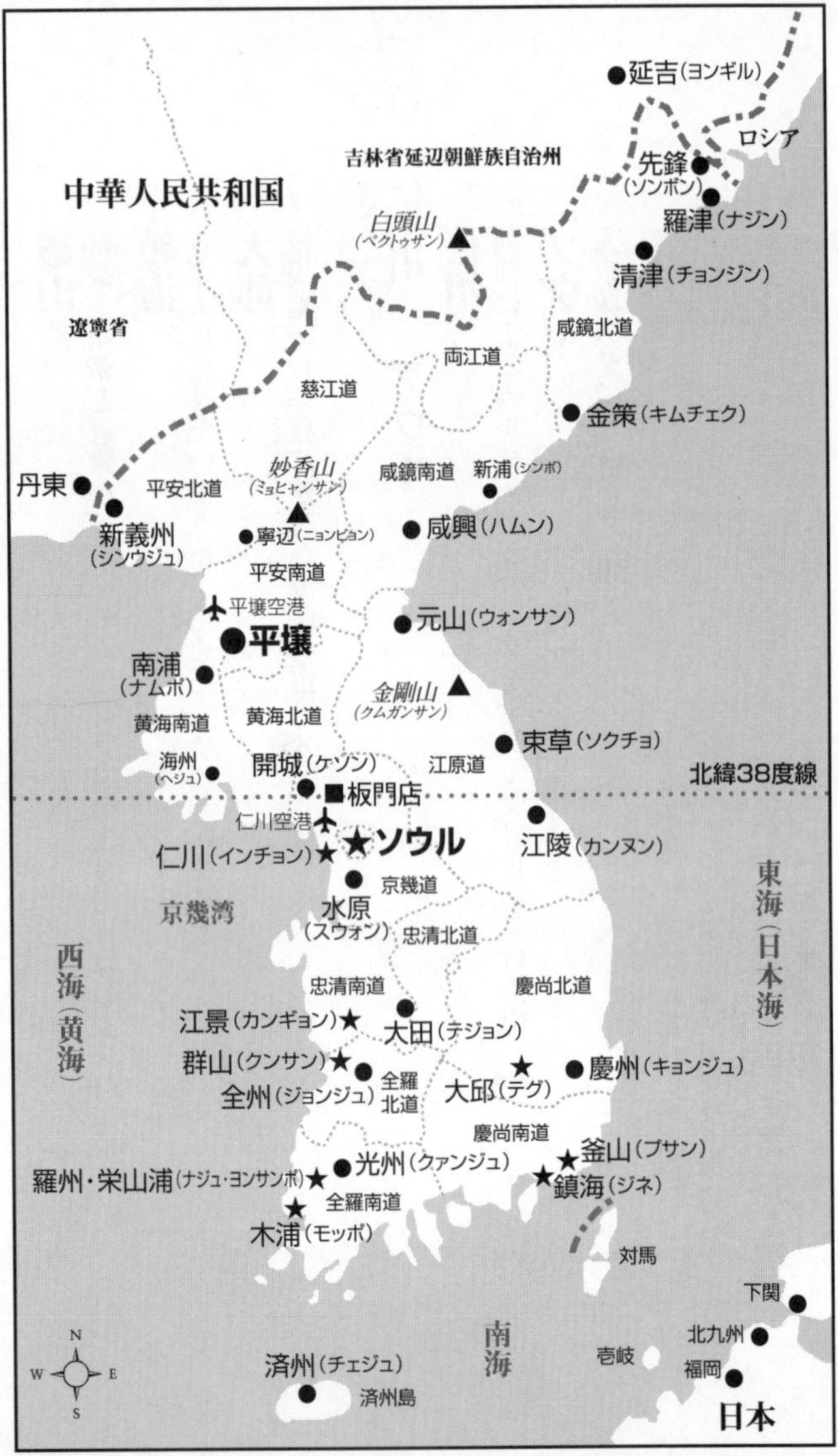

延吉(ヨンギル)
ロシア
吉林省延辺朝鮮族自治州
先鋒(ソンボン)
中華人民共和国
羅津(ナジン)
白頭山(ペクトゥサン)
清津(チョンジン)
咸鏡北道
遼寧省
両江道
慈江道
金策(キムチェク)
妙香山(ミョヒャンサン)
咸鏡南道
新浦(シンポ)
丹東
平安北道
新義州(シンウィジュ)
寧辺(ニョンビョン)
咸興(ハムン)
平安南道
平壌空港
元山(ウォンサン)
平壌
南浦(ナムポ)
金剛山(クムガンサン)
黄海南道
黄海北道
束草(ソクチョ)
海州(ヘジュ)
開城(ケソン)
江原道
北緯38度線
板門店
仁川空港
★ソウル
仁川(インチョン)★
江陵(カンヌン)
京畿道
京畿湾
水原(スウォン)
東海(日本海)
忠清北道
西海(黄海)
忠清南道
慶尚北道
江景(カンギョン)★
大田(テジョン)
群山(クンサン)★
★
慶州(キョンジュ)
全羅北道
大邱(テグ)
全州(ジョンジュ)
慶尚南道
釜山(プサン)
光州(クァンジュ)
羅州・栄山浦(ナジュ・ヨンサンポ)★
鎮海(ジネ)
全羅南道
木浦(モッポ)
対馬
下関
北九州
南海
壱岐
福岡
済州(チェジュ)
済州島
日本
N
W
E
S

一章

江景《カンギョン》、群山《クンサン》、栄山浦《ヨンサンポ》、木浦《モッポ》

江景《カンギョン》

朝鮮の三大市場、二大港町のひとつだった町は今

「くだらない」の語源

「公州《コンジュ》ターミナルです」

運転手さんのダミ声にハッとして目が覚めた。いつのまに眠ってしまったのだろう。昨夜遅くまで取材の準備などに追われて寝不足のせいだろうか。それとも、窓越しに感じる暖かい陽射しのせいか。

東ソウル市外ターミナル（2号線江辺《カンビョン》駅の隣り）を発ったバスがソウルを出た途端に眠ってしまったようだ。ソウル発公州・論山《ノンサン》経由江景行きのバスは、いつのまにか公州バスターミナルに到着していた。バスはしばらく停まった後、次の行き先に向けて走り始めた。

「『くだらない』の語源を知ってますか？『くだら』は朝鮮半島の古代百済《くだら》（紀元前18～660年）のこと。『百済の物でなければ価値がない』という意味なんです。当時、百済から多くの文物が日本にもたらされて大きな影響を与えたそうですから、百済と日本の歴史的関

係は相当深いんですね。今、私たちが走っている公州は百済に縁のある場所なんですよ」

ぐっすり眠っていた私が急にまじめな話を始めたせいか、日本人の助手は意表を突かれたような表情で「そうですか」と相づちを打った。

「今は公州と呼ばれるこのあたりには、百済第二の都だった熊津《ウンジン》があったんです。ここから南へ行くと、サビと呼ばれる第3の都があった扶余《プヨ》。次に寄る論山のファンサンボル（黄山ヶ原）も百済の影響下にありました。そこで百済（階伯《ケベク》将軍）と新羅（金庾信《キムユシン》）の戦いがあり、破れた百済は６６０年に歴史から姿を消していったんです。古代史に関心があって、百済文化の中心だったこのあたりを訪れる日本人も多いんですよ」

30分ほど走ると論山ターミナルに到着した。

韓国人、特に男性にとって、論山と聞いて思い出すのは「論山訓練所」。正確には新兵の訓練部隊がある「陸軍第2訓練所」だ。入隊して最初に行くのが、この訓練所である。約4週間の訓練を受けた後、各部隊に配属される。丸刈りにした頭をさすりながら入った訓練所には、兵役を経験した韓国男児なら誰にでも少なからず思い出があるはずだ。

バスの乗客のほとんどは論山で降りてしまい、車内には私と助手だけが残された。

「江景といえば、かつては朝鮮の二大港町、三大市場のひとつだったというのに、ずいぶんさびれてしまったんですねぇ……」

運転手さんに聞くと、15分後には江景に到着するという。バスは2人しかいない乗客を早く降ろしたいかのように、終点の江景に向けて冬の論山平野を猛スピードで走り抜けた。

日本人と縁の深い川の港町・江景

江景は論山川と錦江《クムガン》の合流地点に位置する小さな港町。

錦江は公州、扶余《プヨ》など百済の古都を通って江景を抜け、西海（黄海）の群山《クンサン》湾に注ぐ韓国6大河川のひとつである。中下流域には盆地と肥沃な平野が発達した。百済時代には日本に文化を伝える水路ともなった。鉄道や自動車道路などが発達する以前は内陸水運に利用され、公州、扶余、江景といった内陸港を発達させた。

江景は錦江をはさんで忠清《チュンチョン》道《ド》と全羅道《チョルラド》の境目という地理的な条件から、錦江の水運と周辺の大穀倉地帯を基盤に、沿岸部と内陸部の交易が活発に行なわれた商業の中心地だった。

朝鮮時代には商船をもつ豪商たちが栄華を誇り、客主《ケクチュ》（問屋商人）などで賑わった。北朝鮮の元山《ウォンサン》とともに二大港町と呼ばれ、朝鮮時代末期には平壌《ピョンヤン》、大邱《テグ》とともに三大市場としてその名を全国にとどろかせた。海産物や内陸の農産物が集まる最盛期には、１日に１００隻以上の船が出入りし、全国から3万人以上の商人が集まって来た。

巨大な市場をもっていた江景は「日韓併合」（１９１０年）以前から日本人の関心を集め

ており、1899年に日本の商人・岡寿作が水産物問屋を開設したのを皮切りに、日本人が定住するようになった。

日本人たちは江景の市場を掌握するため、商店や銀行、住宅などを次々に建てて勢力範囲を拡大していった。農業や漁業収奪の拠点として近代的な官公署の建物をつくり、江景を「近代的な町」に発展させた。

しかし、湖南《ホナム》線の開通、群山港の発達などによって錦江の水運は次第に廃《すた》れていく。植民地支配と朝鮮戦争以降、急速に変化した大都市とはちがい、開発の嵐が吹き荒れなかったため、今も日本植民地時代の痕跡を多く残した町である。

バスは江景邑《むら》に入り、バスターミナルに到着した。ターミナルだけで町を判断してはいけないかもしれないが、まともな待合室さえないターミナルは、過去の栄華とはかけ離れた寂しいものだった。風が強いのは、やはり川が近いからだろうか。

江景浦と朝鮮殖産銀行

江景駅の近くに宿を決めた。この駅は日本植民地時代、港に次ぐ交通の要衝だった。

私たちはまず江景浦《カンギョンポ》に向かった。

朝鮮の港は、釜山《プサン》（1876年）、元山（1880年）、仁川《インチョン》（1883年）の順に開港したが、江景浦はそれ以前から内陸港として機能していたという。密貿易も含めて、中国人や日本人たちが出入りする国際貿易港だった。1日100隻以上の商船が出入りしたという港は、今いったいどんな姿を見せてくれるのだろう。

江景浦の場所を確認するため、駅前にある交番を訪ねた。何人かお巡りさんがいたが、その一人が場所を説明しているうちに、よほど暇なのかパトカーで連れて行くと言い出した。論山出身の警官は、江景邑の中を流れる水路が錦江や論山川と合流する地点まで私たちを送ってくれた。

「この水路の閘門《こうもん》は日本人がつくったそうです。港はこのあたりですね。昔はたくさんの船が係留されていたそうですよ」

しかし、現在は港という言葉がまるで似合わない雰囲気だ。1924年に建設されたという閘門の付近には、主を失った帆船が2~3隻さびしく浮かんでいるだけだった。

解放後は、西海から魚を運んできた船がここで魚を降ろし、戻るときには氷を仕入れてまた海に向かったという。

人のよさそうなお巡りさんは、私たちを江景郵便局の前まで送って去っていった。

江景郵便局の向こう側に、赤レンガの建物が見えた。後から塗ったであろうスカイブルーの屋根が印象的だ。1905年に漢湖《ハンホ》農工銀行として建てられ、日韓併合後、朝鮮殖産銀行の江景支店として使われた建物である。これほど大規模な銀行があったという事実が、当時の江景の市場の大きさを物語っている。ここから引き出したお金を俵に入れて運んだ人がいたというほど、当時の江景は活気にあふれていたという。

朝鮮戦争の空襲で屋根が破壊され、その後一部が復元されている。銀行の隣にある倉庫には戦時の傷跡がそのまま残っていた。

植民地時代、江景の経済を担《にな》ったこの建物は、後には図書館などとして使われたが、現在は鍵が掛けられ、ただ時の流れに身を委《ゆだ》ねている。

資料によると、郵便局の隣には、忠清南道《チュンチョンナムド》地域で初めての近代的な病院施設である湖南病院があるはずだった。1914年に建てられて、その後は湖南ホテルとして使われていたが、2004年、ついに撤去されてしまった。2階建ての石造りで、優雅で近代的な西洋建築だったという。一足遅い訪問が悔やまれた。

路地裏の居酒屋で

旧朝鮮殖産銀行前の通りを歩いていると、杖をついて歩いているおばあさんが横道に入ったのが見えたので、後を追ってみた。

韓国人の生活様式に合わせてリフォームしたと思われる古い日本家屋が並んでいる。風よけに張られた窓のビニールが破れて風に吹かれる音だけが響く、静かな路地裏だった。

あたりをきょろきょろしているうちに、おばあさんの姿を見失った。

かろうじてお店だと判別できる黄色い看板がふと目に入った。

お店の名前は「西倉チプ」。ソチャンはこのあたりの地名であり、チプは「家」とか「屋」という意味である。どうやら地元の人たちがマッコルリ（どぶろく）を一杯やりながら日々の暮らしの憂さを晴らす「テポチプ」（庶民的な居酒屋）らしい。よほど勇気がなければ、よそ者には入りづらい。女性ならなおさらだ。

何げなく観察していると、自転車に乗ったお年寄り3人が慣れた様子で自転車を止め、いかにも一杯引っかけに来ましたといった面もちでそそくさとお店に入って行った。

今回の旅でなんとしても話を聞きたいのは、日本植民地時代を経験した世代の方々だ。当時の町の雰囲気や生活を最もよく知っている人たちである。

だから、年配の方を見かけると、ついつい取材対象として意識してしまう。植民地時代に幼少期や青春時代を過ごした人たちにとって、その時代の暮らしを問われることは、あまり愉快なことではないかもしれない。国を失い、日本人の支配下で暮らさなければならなかった彼らの胸の奥底にしまいこまれていた傷を逆なでにすることになりかねない。話を持ち出すにも慎重さが必要だ。

江景

旧・漢湖農工銀行。日韓併合後は朝鮮殖産銀行の江景支店となった。朝鮮発行銀行券は朝鮮でのみ通用し、日本発行銀行券は朝鮮でも通用した。

西倉洞の日本式長屋の一角にある一杯飲み屋「西倉チプ」。自転車で乗りつける人の姿を見なければ、店とは気づかなかった。

さらに、こちらは日本人を連れている。もしかしたら嫌な目にもあうかもしれない。しかし、それはこの旅が始まる前から覚悟していたことではある。「虎穴に入らずんば虎児を得ず」と自分に言い聞かせながら、お店のドアを開けた。

見慣れない異邦人、さらに若い娘（自称）の闖入《ちんにゅう》がよほど珍しいのか、お客さんたちの視線は私たちに一斉に集まった。まぁ、田舎の町ではよくあることだ。

意外だったのは、座敷までお客さんでいっぱいだったことだ。日曜日だからだろうか、すっかりできあがっている人もかなりいる。

私たちはおじいさん3人組が座ったストーブの側の席を確保した。まずは自家醸造だというトンドンジュ（マッコルリの上澄み）を注文。つきだしにはナムル、カキの塩辛、白菜と唐辛子粉の和え物、豚足の煮込みが出た。つまみには十分すぎる。

景気づけに、黄金色のヤカンのトンドンジュで一杯やったらさっそく取材開始。3人にあくまで自然に話しかけて、何げない会話のなかから話を引き出すことが大切だ。

「あの……ここにはよくいらっしゃるんですか？」

おじいさんたちは73歳だというが、とてもそうは見えないほど若々しい。生まれも育ちも江景。ずっとここで暮らしてきた生粋の地元民だ。小学生時代からの友だちで、今でも週に一度はこうやって杯を酌み交わすという。

それにしても、よく飲むこと！　焼酎のビール割りを何杯も空けているというのに、少しも乱れる様子はない。大酒飲みの韓国人は見慣れているはずの助手も、これには驚いていた。

さて、いよいよ核心に迫らなければならない。私はいろいろな質問を投げかけてみた。

「解放直前は小学生だった。当時はずいぶん賑やかだったよ。港には船がずらりと並び、日本人もたくさん住んでいた。商売になるからね。つい最近まで日本式の建物がたくさん残っていたさ。何年前だったたか、日本式の建物を壊してチョッカル（塩辛）の店がたくさんできたから、ずいぶん少なくなったね」

「錦江でたくさんの材木を陸揚げしていたよ。扶余に神社を建てるためだと、子どもの頃聞いたことがある」

この話には解説が必要だ。古代の日本と百済との縁に注目した日本は、扶余を「内鮮一体」（日本人も朝鮮人も同国民だという理屈）を象徴する町にしようと目論み、1940年、21万坪余りの神社をつくろうとしたという。そのときに必要となった木材が錦江の水路を使って運ばれたということだろう。結局、日本の敗戦で扶余の神社建立は実現しなかったが。

「下駄履きで着物姿の日本人の姿をたくさん見たよ。その頃の人口の3分の1は日本人だったんじゃないかな」

「日本の子どもたちと一緒に遊ぶなんてことは、ほとんどなかったたね」

「大きな精米工場が建てられてね。精米した米は、船などで群山港に運ばれた。全部日本に行っちゃったんだろうね。朝鮮人は当時、白い米なんてなかなか食べられなかったよ。白米はイルボンサラム（日本の人）が食べるものだと決まっていた」

年配の韓国人の多くは日本人の悪口を言うとき、たいてい「イルボンノム（日本人野郎）」や「ウェノム（倭奴）」という言葉を使う。今回は日本人の助手に気をつかってくれているのか、「イルボンサラム（日本の人）」と言っていた。

「江景から近い咸悦《ハムヨル》は花崗岩が有名で、その花崗岩はソウルの朝鮮総督府の建物に使われたんだってさ。いいものは全部日本のものになっちまったというわけだ」

「小学生の頃、日本人の女教師がいたっけ。鼻が高くてとてもきれいだったよ。日本人の校長は怖かったが、その先生は親切で好きだったよ」

いろいろな話が飛び交うなか、別のテーブルで飲んでいた40代後半と思われる中年男性が話しかけてきた。その表情はあまり愉快そうではない。大声で騒いでいたのが気にくわなかったようだ。一斉に彼に視線が集まる。

「いったい何のために、そんなにあれこれ話を聞き出してるんだ？　ここに何しに来た？」

不満そうに私たちに尋ねてきた。植民地時代のことを根ほり葉ほり聞いていることが気に障《さわ》ったのだろう。反日感情は、植民地時代を過ごした世代よりも、その後の世代のほうが強い。それは韓国の歴史教育のせいである。かなり酔っている様子だったので、はたして話して通じる相手なのか、キレたりしないかと緊張した。実は本を書くための取材だと説明すると、幸い彼はすぐ納得してくれた。江景のことをじっくり紹介してくれと言い残して、おじいさんたちにていねいにあいさつをして店を出ていった。

足取りはおぼつかなかったが、おじいさんたちに対するあいさつは、きわめて礼儀正しいものだった。後でわかったことだが、実は顔見知りであった。地元のお年寄りをつかまえてぶしつけな質問をするよそ者に「筋を通せ」と言いたかったのだろう。カッとしやすいが話せばわかる韓国人の典型だった。

出されたお酒をほとんど飲み干したおじいさんたちから、町を案内してあげようという、ありがたい申し出があった。

玉女峯《オンニョボン》の神社跡地

おじいさん3人組は申し合わせたかのように左手を背中に回し、右手で自転車を押しながら歩く。私たちは3人の後ろ姿を追った。

「江景の町を貫く水路を整備して閘門を造ったのは日本人だった。閘門は今は閉まっているけど、昔は開けたり閉めたりできたんだ。水路の幅ももっと広かったし、水量も多かった」

パトカーで警官が案内してくれた閘門のあたりで立ち止まり、おじいさんのひとりが言った。

1800年代後半から始まった江景川の護岸工事が完了すると、潮の満ち引きに関係なく江景市内まで船が入り、船荷の積み卸しができるようになった。400石もの米を積める船が出入りし、船の数が多くて順番待ちするほどだったという。

方向を変えて、玉女峯《オンニョボン》に向かう坂道を歩いていたおじいさんたちが足を止めたのは、リフォームされた日本式の家屋。お金持ちが住んだと思われるお屋敷だが、かなり改修されてあまり面影は残っていない。犬がうるさく吠えたが、おじいさんのひとりが小学校の先生をしていた頃の教え子の家だったため、かまわず中に入る。

朝鮮殖産銀行の店長が住んでいたといわれているが、はっきりしたことはわからない。家の裏手には小さな壕と、江景邑を一望できる小さな庵があった。壕の中の壁に書かれている漢字は、どうやら日本の和歌らしい。

江景に来たからには玉女峯に登らないわけにはいかない。次第に急になる坂道を上っていく。自転車を押しているおじいさんたちはほろ酔い加減だが、足取りはしっかりしている。

玉女峯は景勝地として知られ、天女が舞い降りて沐浴を楽しんだという言い伝えがある。江景邑で最も高い場所らしく、港と江景邑の全景が望める。江景港が発展する地理的な要因がはっきりわかったのも収穫だった。

　右手（扶余側）から流れて来た錦江の流れは、江景港を通って左側（群山側）に流れていく。錦江の支流で玉女峯の右側を流れるのが論山川、右に流れる細い川が閘門のある江景邑を流れる水路である。陸上交通がまだ発達していなかった時代、なぜ江景が水運を基盤に商都になりえたのかがよくわかる。

　景色を眺めていた私を、おじいさんたちが手招きしながら呼ぶ。

「江景抗日独立万歳の記念碑だ。ぜひ読んでみて、写真も撮らなきゃ」

　１９１９年３月10日、江景の市《いち》の日に合わせて玉女峯で行なわれた独立万歳運動の記念碑だった。植民地支配からの独立が悲願だった朝鮮人の強固な意志を訴えたかったのか、その言葉は力強かった。

「私たちはそろそろ帰るから、あなたたちはもうちょっと見ていたらいいよ」

　おじいさんたちは、先ほどの続きでどこかで飲み直すらしい。

「過去の苦しみがあるからといって、むやみに日本を敵視するのはよくない。このあいだ、日本に行ったが、みんな親切だったよ。でも、韓国の年寄りもなかなか親切でしょう」

　愉快な冗談に笑いながら、私たちは別れのあいさつを交わした。

　３人はかつて警察官、消防署員、小学校の先生だった。今年１００周年になる江景の中央小学校の同級生の3人が、人生の夕暮れをともに楽しむ姿はとても微笑ましかった。

上ってきたのとは別の道で下ろうと思ったら、玉女峯に向かう古い石段が残っているのを見つけた。ここに神社があったのではと助手が推測。後で調べてみると、1909年に建てられた江景神社があった場所だった。今は朽ち果てた石段が残るのみだ。

植民地時代の末期、「内鮮一体」をうたって神社への参拝を強制されたことは朝鮮人として大きな屈辱だった。神社はたいてい地域の中心になる山のふもとに建てられた。解放後は真っ先に打ち壊されて、石段の一部などが残っているのを除けば、今やその痕跡はほとんど見られない。

色あせた写真の中に

江景で翌朝を迎えた。今日は江景邑をじっくり歩き回るつもりだ。

駅前にずらりと並ぶタクシーの列、人々のゆったりとした足取り。活気は感じられないが、ソウルでいつも追い立てられるような生活をしている私には心地よい。

江景郡庁で、日本植民地時代の江景邑の写真を所蔵している方を紹介していただいた。郡庁からほど近い、太陽社という写真館の主人ハン・グァンソクさんだった。連絡もせずに訪ねたのだが、運よく本人に会うことができた。

川の港町として賑わっていた1920年代の江景。錦江から江景中心部に流れ込む水路が船で埋め尽くされている。右側が当時神社のあった玉女峯。

上の写真と同じ場所の現在の様子。今では船はおろか、通り過ぎる車もめったに見られない。玉女峯には神社本殿に向かう石段の一部が残っている。

ハンさんが所蔵しているのは、お父さんが撮影した写真、およびハンさんが日本や韓国で探し回って集めた江景の写真である。貴重な写真を見せながら私たちに解説してくれた。

「これは日帝当時のメインストリート、中央路《チュンアンノ》です。看板がほとんど日本語でしょ。左手にサッポロビールの看板も見えますね」

「これは料亭です。もう残っていませんけどね」

料亭の前で洋装の男性と料亭の仲居さんたちが並んでポーズをとっていた。一人の女給の顔だけが丸く切り取られていた。顔を見られたくないと本人が切り取ったのだという。

「これは江景邑が洪水にあって、水に浸かってしまった中央路です。子どもたちは洪水なんておかまいなしですね」

個人的にも江景の歴史に深い関心をもっているハンさんは、当時の様子をまるで見てきたかのように詳しく語ってくれる。

「植民地時代、中央洞《チュンアンドン》（中町）一帯が江景の中心でした。水路沿いの西倉洞《ソチャンドン》（西町）と監《ヨン》川洞《チョンドン》（監町）一帯に住んでいたのは大型倉庫をもつ日本人たちだったそうです。ただし、農水産物を取り引きする韓国人もたくさんいました。虹橋洞《ホンキョドン》（本町）、中央洞には、小売も兼ねた問屋が多かったんです。他の地域と違い、江景では日本人と朝鮮人が混じり合って暮らしていました。中国人も多かったのですが、特定の国の人たちが固まって住んでいるエリアはなかったようです」

ハンさんが言うように、日本人が進出した他の地域に比べ、江景では客主ら朝鮮人の商権が守られていたようだ。おそらく民族主義の強い江景商人の気質のせいではないだろうか。江景は錦江上流の公州、扶余、さらに遠くは清州《チョンジュ》、全州《ジョンジュ》までを含めた広い後背地を商圏としていた。これらの地域から入ってくる生活必需品を全国に運ぶ要衝であり、日本商人にとっても掌握したい場所だったにちがいない。

しかし、排他的な江景の民族資本家ががんばっていたため、日本商人はなかなか定着できなかったという。当時の江景商人たちが日本人が商う魚の不買運動を展開して抵抗したという逸話も残っている。日本が1899年に群山港を開港した理由のひとつには、念願の江景経済圏を吸収しようという意図があったのだろう。

一番の繁華街だった中央路

ハンさんが写真をもとに、自らの車で中央路を案内してくれた。

当時一番の繁華街だった中央路は、20～30年代のモノクロ写真に写っていた道路だけでなく、商店などの日本式の建物がかなり写真のままに残っていた。当時店舗として建てられた2階建ての灰色の石造りの建物には、「新光洋靴店」「和新洋服店」という漢字の店名がはっきりと刻まれていた。「大同電気商会」という商店の建物も目立つ。オープン当時はきっとオシャレな近代建築物だったにちがいない。少し手を入れるだけで、当時を舞台にした映画のセットに使えそうだ。

商店の名前が残っているとはいえ、現在は別の用途に使われている。1階はさびれた農薬店や住居になっていた。あかぬけない色づかいの看板をモノクロ写真で撮ったら、2005年の風景だと気づく人はいないかもしれない。

「今となってはさびれた田舎町だが、当時は劇場もあるくらい立派な町だったらしいですよ。忠清南道で初めて郵便局ができたのはここでした。劇場（映画館）は私が小さい頃までありましたね。この町に劇場があったなんて、とても想像できないでしょ？」

「これは、日本の軍人が地面に散布された化学兵器を除去する訓練をしている写真です。頭からフードをかぶっているでしょう。ちょうどこのあたりですね」

ハンさんは活気あふれる江景邑の姿が、ますます薄れていくことに切なさを隠せないようだ。ともに歩んできた町、思い出が詰まっているのだろう。

お借りした昔の写真と同じアングルで写真を撮ろうとしている助手の姿が、あまりに頼りなく見えたのか、あるいはアングルを説明するのが面倒だったのか、ハンさんは助手のカメラで代わりに撮影してくれた。

1930年代年の中央路。道の真ん中を民族服姿の朝鮮人が堂々と歩いている。左手の商店は「サッポロビール」の看板を掲げている。

洪水に見舞われた中央路（1940年代）。左には「マルキ屋」「中央病院」、右手に「國誉たび」「煙草」などの看板文字が見える。右上は火の見櫓。

肌寒いせいか、人影はまばら。何かの遊びに興じている子どもが2〜3人、よそ者の私たちに好奇の視線を浴びせるお年寄り、そして、ポストを探す郵便配達員の姿があるだけだ。なるほど近代を舞台にした映画やドラマのロケ地に使われるわけだ。中央洞付近を歩いてみて実感した。もっとも、最近はそれほど撮影の機会がないという。植民地時代の建物が当時の姿のまま残っているため、リアルすぎて、かえって絵にならないからだろう。

白衣の朝鮮人に墨汁をかけた日本人

江景邑には「下市場」(アレチャント)、「上市場」(ウィッチャント)と呼ばれる場所がある。かつて上市場では全羅道から運ばれた農産物が取り引きされ、下市場では西海から運ばれた水産物が取り引きされた。五日ごとに立つ江景の定期市は全国的に知られていたのだ。中央路から「下市場」の案内板に沿って歩くと、和韓折衷様式の「南一堂韓薬房」(口絵P3)がある。現在は住宅になっているが、文化財に指定されており、よく手入れがされていて保存しようという意思が感じられる。

その南一堂韓薬房の前あたりが下市場だったという。下市場には、ニベ、エイ、エビなど西海の海産物や布を買い付けにくる商人が全国から集まった。市が立つ日には露店が2キロも連なり、大変な賑わいだったそうだ。旅館はどこも大繁盛で、不夜城といわれた港の居酒

中央路に散布された化学兵器を除去する訓練を行なっている軍人の様子（1930 年代）。左側の大村商店の路地から馬が顔を出しているのがわかる。

同じ角度で撮った現在の中央路。路上駐車の車だけが目立ち、営業している商店も少なく、往時の活気を想像するのは難しい。

屋では船乗りと女たちの笑い声が絶えなかったという。

当時の様子を伝える資料によれば、市場では白衣の朝鮮人に墨汁をかけて回る日本人がいたという。これは江景だけのことではなかったようだ。

朝鮮人は「白衣の民族」と呼ばれるほど白い服を好んだ。しかし、植民統治下の1905年から「汚れが目立たない黒い服のほうが便利だ」として、白い服が規制されるようになった。

日本人は白い服を着て歩く朝鮮人を見つけると服を汚したり、背中に墨で字を書いたりした。そうすると、服を染めなければならなくなる。実はこれには、日本から輸入した色物の布や染料を売りたいという事情があったらしい。こうした規制があったため、朝鮮人は日本の布地や染料を買うようになり、日本の繊維産業が朝鮮に定着するようになった。とはいえ、白い服を禁止したからといって、生活習慣まで変えることはできなかった。

江景の五日市は、開かれなくなって久しいという。

水路によって発展した江景は、内陸交通が発達して水路の使い道がなくなると、たちまち廃《すた》れていった。

終戦から5年後に朝鮮戦争が勃発。多くの建物が空襲で跡形もなく消えてしまった。休戦状態になると、人々は残された日本式の建物を修復して商売を始めた。定期的に市も立ったが、以前の活気は戻ってこなかった。代わりになる産業がなかったからだ。だからこそ江景は、開発の荒波にもまれることなく昔のままの姿で残ったといえる。

現在、江景は「塩辛の町」として売り出し中だ。黄海で獲れた小エビやアミの多くが江景に集められるため、売れ残りを長く保存するために塩辛などの水産加工技術が発達している。

あちこちに建てられた真新しい塩辛屋の派手なたたずまいは、ひなびた植民地時代の建物とはあまりに対照的だ。よそ者の私が言うことではないかもしれないが、もう少し雰囲気というものを考えて町づくりをしていただきたいものだ。コストの問題はあるのだろうが、塩辛屋の建物にかつての五日市の賑わいをほうふつとさせるレトロな味わいをもたせたら、さぞかし趣のある街並みになるだろうに。

塩辛ブームはレトロな街並みを台無しにして突き進みそうな勢いだ。ただひとつの救いは、中央路に「近代文化通り」をつくる計画があるということだろうか。

翌日の午後、雪が降り出した江景の町をバスで発った。この町の見映えは、ひらひらと舞い始めた雪で少し霞むくらいがちょうどいい。

ただでさえゆったりと流れている時間が、完全に止まったように見えた。

群山《クンサン》

しっとりとした街並みと生々しい収奪の傷跡

雪に降られて江景から群山へ

「咸悦《ハムヨル》です」

運転手さんの声で私たちは急いでバスを降りた。降り積もった雪は5センチはありそうだ。郡山行きバスの停留所は、バスを待つ人たちでいっぱいだった。

身体を震わせながら40分ほど待ったが、一向にバスが来る気配はない。

酔っぱらったおじさんが誰かれかまわず話しかけている。話しかけられたほうも嫌がらずに相手をしている。いらいらしている私たちとちがい、田舎の人たちはおおらかだ。

これ以上待っても無理と判断し、あきらめてタクシーに乗り込んだ。なんだかバスを待つ人たちに申しわけないという気持ちになったが、しかたがない。運まかせでのんびり旅できる立場ではないのだ。

1500ウォンと予定していた交通費が30倍に跳ね上がってしまったが、シートに腰を下ろすと思わずホッとため息が出た。雪道が心配ではあったが、ここは運転手さんを信じて、思う存分、雪見を堪能しようと腹を決め、雪化粧した山野を眺めていた。

小ぢんまりした村をいくつか通り過ぎた。タクシーが雪道をおっかなびっくり走ってくれるおかげで景色をゆっくり見ることができる。ふと「蔡萬植《チェマンシク》の故郷」の案内板が目に入った。蔡萬植（1902〜1950）は植民地時代の代表的な小説家である。最も知られているのは、1930年代の群山を描いた長編小説『濁流』だ。ある女性の悲劇を通して、植民地時代の朝鮮社会の不条理が皮肉混じりに描かれている。彼が群山を舞台にした作品を書いたのは、群山近くの沃溝《オック》が故郷だったことと無関係ではないだろう。今も『濁流』に描かれた近代の群山の姿を求めて訪れる人が少なくないという。

案内板が指す方向に行ってみたいと思っているうちに、タクシーはずっと先に進んでいた。くねくねした国道を抜け、直線道路に出ると少しスピードを上げ、群山駅の近くに私たちを下ろしてくれた。すでに陽が落ちた後だった。

夜になると風がさらに強くなり、吹雪になった。道路が凍結してしまうのではないか。明日の取材はできるのだろうか。

とりあえず宿の近くの刺身屋に入り、刺身と焼酎を1本頼んだ。

どこの刺身屋に入ってもサービスがいいのが群山だ。刺身を頼んだだけで、つきだしが20

種類を超える。韓国の刺身屋でつきだしが多いのは普通のことだが、群山は群を抜いている。つきだしだけでお腹がいっぱいになりそうで、メインの刺身が食べられるかどうか心配になるが、たっぷりごちそうされるのは本当に気分がいい。とはいえ、種類を増やすことに熱心なあまり、ひとつひとつの料理に丹精がこもってないように感じられたのも確かだ。

「イッキ、イッキ……雪に乾杯だ！」

隣のテーブルでは屈強な男たち5人が、雪を口実にイッキ飲みで焼酎の杯をくみかわしていた。すでに十分酔っぱらっているようだが、乾杯は止まらない。大いに盛り上がった彼らは「次はカラオケだ！」と言いながら立ち上がって店を出ていった。何度見ても騒々しい韓国の飲み会の典型だ。散乱した焼酎の瓶10本がその激しさを物語っている。

雪降る群山の夜は、焼酎の杯を傾けるごとに深くなっていった。

保存すべきか、撤去すべきか

1899年に開港した群山港。

港湾設備が整って開港する以前から、多くの船が出入りした天然港であり、西海岸の農水産物が取り引きされる交易の拠点であった。

開港以後、群山は近代的な港湾都市として急成長を遂げたが、その背景には「米」があった。見渡すかぎり地平線という全羅道の万頃《マンキョン》平野で収穫した米を日本に運ぶために、群山港は開かれたといえる。湖南米（全羅道でとれた米）の輸出が本格化した1930年代当時の群山は、仁川港や釜山港をしのぐ朝鮮米の輸出基地となり、日本による収奪を最も象徴する都市となった。その頃の名残りは今も群山に残っている。

翌朝、雪はやや弱まったものの、止む気配はない。昨日降った雪が凍って道路はツルツル。車も人も亀のようにゆっくり動いている。しかし、取材はできそうだ。

まず、群山市庁に向かった。そこで私たちは、市庁所属の学芸員・金中奎《チュンギュ》さんに会うことができた。30代後半の彼は群山出身で『群山歴史話』という著書もある。群山では近代建築物を保存し、文化遺産にしようという事業を推進しているという。

「植民地時代の近代建築物は日帝の残滓《ざんし》。撤去すべきか保存すべきかという葛藤《かっとう》がつきまといがちですが、どう思いますか？」と尋ねてみた。

「日帝の残滓として多くの近代建築物が損なわれてきたのは事実です。しかし、これからは歴史を見つめていかねばなりません。価値のある近代建築物については文化財登録を推進していますが、みんながみんなよく思っているわけではありません。屈辱的な日帝の残滓をそのままにしておくのは歴史的に恥ずかしいという意見もあります。でも、日本が建てたのだから何でも壊してしまえというのも問題です。屈辱的な歴史も正しく知っておかねばならないし、その歴史の舞台も私たちが暮らしてきた一つの断面として理解されるべきです」

彼は、韓国人が敏感にならざるをえない植民地時代の近代建築物の保存にまつわる困難を語ってくれた。

しかし、1995年のソウルの旧・朝鮮総督府撤去についての見解は意外なものだった。

「朝鮮総督府は他の建物とはちがい、当時象徴的な意味合いがとても強かったんです。民族の気概を保っていくには撤去すべきだったと思います」

日本人の町、月明洞《ウォルミョンドン》と永和洞《ヨンファドン》

市庁を後にした私たちがまず向かったのは、植民地時代「全州通り」「大和町」「旭町」などと呼ばれた永和洞《ヨンファドン》。群山の開港後、各国の租界となった地域だ。日本支配の下でまっすぐな道路ができて区画整理が進み、2階建ての瓦屋根の日本家屋が整然と並び、商社や金融機関、飲食店、旅館などが集まる群山一の繁華街となった。だが、今の永和洞にはさびれた商店街と住宅街があるのみで、往時の賑わいを想像するのは難しい。

永和洞を経て月明洞《ウォルミョンドン》に向かう路地をゆっくり歩いていくと、時計の針が止まったような、昔ながらの和風建築がたくさん目に入ってきた。当時の富と権力を象徴するような入母屋造りの豪邸から、和洋折衷の日本式の洋館、そして庶民が住んだと思われる2階建ての木造家

瓦は新しく吹きかえられ、1階正面は土壁に改装されているが、日本家屋の味わいを残している伝統喫茶「芸人村」。

梁の自然な曲線が美しい「芸人村」の2階屋根裏部分。1階の内装は完全に韓国風に改造されている。

屋や商店など……。

古びた瓦、突き出した木造の窓など、原型をそのまま残した部分もあるにはあるが、植民地時代の面影を残す他の町と同様、使いやすいように改修されている家が多かった。半分以上が日本家屋だと聞いていたが、どうやら誇張ではなさそうだ。

群山YMCAの向かいに、木造2階建ての日本家屋と庭園をリフォームし伝統喫茶として活用している「芸人村《イエインチョン》」があった。入ってみると、テーブルやインテリアはまるでソウル仁寺洞《インサドン》の伝統茶屋のような雰囲気だが、基本的な造りは日本家屋にまちがいなかった。2階は一本の木をそのまま梁《はり》として使っていた。和韓折衷がなかなかいい風情を醸《かも》し出している。

芸人村を出て左に折れると、かなり立派な2階建ての洋館が見えてきた。和洋折衷の優雅かつシンプルな建築様式で、個人のお屋敷のようだ。

どんな人が住んでいるんだろう。好奇心が頭をもたげ、指が勝手に呼び鈴を押していた。

唐突な申し出にもかかわらず、この家の奥さんが玄関を開けてくれた。ここに住んで7〜8年になるという。

「息苦しいマンション生活に嫌気がさして、ここに越してきました。古いからといって特に不便はないですよ。冬ちょっと寒いこと以外はね。引っ越してきた当時はまだ畳の部屋がありましたが、今はありません。群山出身の主人がとても気に入ってるんですよ」

植民地時代の和洋折衷の建物に、さらにモダンな改装を施した家。屋根の形から日本家屋だとわかるが、パッと見た印象は洋館風。

1990年、ソウルだけで約70万人を動員したヒット映画『将軍の息子』で、シン・ヒョンジュン扮する日本ヤクザの親分・林の家として使われた家。

彼女の話によると、植民地時代、このあたりに裁判所があり、法曹界の日本人が近くにたくさん住んでいたという。

「庭も当時のままだそうです。魔除けになるからといって日本人がたくさん植えたのがこの木ですね。名前はわかりませんが」

彼女は1本の木を指差して言った。

日本家屋、植民地時代の家だからといって特に抵抗や不満はなさそうだ。逆に、上質で丈夫な木材を使っているのを誇りに思っているようだ。

群山女子高のふもとには、朝鮮で巨万の富を築いた日本人商人や地主たちの邸宅が多かった。今も残されているもののなかで最も立派なのは「韓国製粉官舎」という建物。映画『将軍の息子』で、本町のヤクザの親分である林の家として使われたため「林の家」とも呼ばれている。反物商だった廣津吉三郎が建築したという入母屋造りの豪邸は、屋根瓦から壁面の窓にいたるまで、昔のままの姿がよく保たれているように見える。

外からちょっと見ただけでも、この家がどれほどていねいに建てられたかがわかる。もしや……と期待しながら何度も呼び鈴を押したが、お留守のようだった。残念ながらそのまま帰るしかない。

資料によると、玄関を入ると壁面の中央に卵形の透かし窓があるという。窓枠も格子も竹で作られており、日本人の美的感覚がいかんなく発揮されているそうだ。特徴的だったのは、日本式の畳部屋と韓国式のオンドル部屋を備えていたということ。さすがに寒いと感じたのか、家を建てるとき部屋の一つはオンドルにした。韓国の伝統をも採り入れた、本当に贅沢なお屋敷である。

神社と日本の祭り

1900年前後、日本によって開港された町にはかならず神社が建てられた。群山にも金《こん》比羅《ぴら》神社などいくつか神社があったが、そのうち群山神社が代表格で、天照大神《あまてらすおおみかみ》が祠《まつ》られていた。その場所は、現在の月明洞の群山西初等学校の裏手に広がる住宅街のはずだが、痕跡は見あたらない。神社には神主が1人いて、本殿と社務所があったという。日本の祝日には祭祀が執り行なわれ、また月2回の祭祀もあった。多くの日本人はもちろん、ごく一部の朝鮮人も神社で結婚式をあげたりした。

『群山歴史話』は次のように書いている。

——神社では毎年10月、群山中の日本人が集まる祭が催された。褌《ふんどし》姿で神輿《みこし》を担いだ若者たちが『ワッショイ、ワッショイ』と叫びながら神社のふもとの広場を出発し、明治通り、昭和通りを経て駅前広場に到着。そこで一晩過ごして神社に戻った。その神輿が朝鮮の喪輿《サンヨ》

（葬式で黄色い棺を担いで移動すること）に似ていたため、朝鮮人は『金喪輿《クムサンヨ》』と呼んだという。また、祭の折には日本から力士が来て、広場で相撲をとった——

日本人は日本で行なわれていた祭をそのまま朝鮮に持ち込む一方で、朝鮮固有の祭は民族意識や団結力が盛り上がってしまうという理由で弾圧した。

「日本人化」工作の一環として神社参拝を強要された朝鮮人は、日本を象徴する神社や神社参拝に強い反感を覚えた。日本の敗戦を知らせる「玉音放送《ぎょくおん》」があった1945年8月15日夜、ただちに平壌神社が放火されたのをはじめ、各地の神社はほとんど破壊された。もちろん、群山神社も同じ運命をたどった。

月明公園はなぜ桜の名所になったのか

群山の中心にある月明公園は総面積77万8600坪を誇る市民公園だ。公園に上る入口の右手には、1926年当時の明治通り（現在の中央路1街）と海望洞《ヘマンドン》を結ぶ海望トンネルがあった。左手の興天寺《フンチョンサ》には、当時、安国寺という日本の寺院があった。

溶けた雪が凍ってツルツルになった階段をそろりそろりと上がる。人の気配はほとんどない。階段の下のほうは雪が溶けているが、上の方はまだそのまま残っている。鳩舎を通って「スシ塔」に上ると、西海と群山の全景が一望できた。群山は三方が海に囲まれているのだということが実感できる。今は冬なので少々寂しいが、春には桜が咲き乱れ、慶尚南道《キョンサンナムド》の鎮海《ジネ》ほどではないにせよ、多くの人が花見に訪れるという。

　植民地時代、ここは群山公園と呼ばれた。群山に住んだ日本人は松の木を抜いて、代わりに桜を植えたという。『群山歴史話』には当時の情景が書かれている。

――4月になると群山周辺から多くの日本人が遠足に来て大賑わい。あちこちで下駄履き日本人たちが『朝花《チョファ》』という群山の地酒をあおり、飲めや歌えの大騒ぎを繰り広げた――

　今の桜の木は当時のものではなく、1970年代に日本のロータリークラブが寄贈して植えた200本だという。同書には次のように書かれている。

――戦争後、日本人はかつて自分たちの植民地だった縁で姉妹都市提携や技術協力などの関係を結ぶようになると、真っ先に桜を寄贈した。『全群《ジョンクン》道路』の両側にある桜並木も1970年代に在日韓国人が寄贈して植え始めたものである。……桜を楽しむ前に、なぜ彼らが桜を贈ったのか、一度よく考えてみたほうがいいのではないか――

「このあたりが日本人街だったとしたら、朝鮮人はどこに住んでいたんですか？」

　月明公園の階段を下りながら、助手が何げなく私に聞いた。

　すっかり慣れっこになって、さほど違和感のないはずの単語が、そのときは妙に鋭く耳に突き刺さった。

「チョウセンジン……」

日本に留学していたとき、日本人が何げなく使う言葉のなかで、いつも耳に障った言葉が「チョウセンジン」だった。

日本語がわからない韓国人でも「チョウセンジン」という言葉の意味はわかっている。単に韓国人（朝鮮人）を指すだけでなく、日本人が韓国・朝鮮人を見下して呼ぶ代表的な呼称として「3・1万歳独立運動」（1919年3月1日）の記念日や「光復節《クァンボクチョル》」（8月15日）などに放映されるドラマや映画の中でおなじみなのだ。

「バカヤロウ、チョウセンジン」「チョウセンジンのくせに」といった罵倒が強い口調で浴びせられる。「チョウセンジン」という言葉は、こうして私の心の中で明らかに差別的なニュアンスをもつ言葉として定着してきた。

そんなわけで、日本人が単に朝鮮人を指すのに使っただけだとしても「チョウセンジン」という言葉のもつマイナスの側面からはなかなか自由になれない。留学時代はずいぶん過敏になったものだ。もちろん侮蔑する意図などないのはわかっている。それでも、うかつに韓国人の前で使うと誤解を招くことになるかもしれない。

こういった侮蔑語としては他に「ヨボ」「ヨプチョン」などがあった。「ヨボ」は韓国人が夫婦の間で使う「あなた」。「ヨプチョン」は穴の開いた昔の貨幣のことで、「抜けている」

という意味だ。

一方、朝鮮人は日本人を見下して「チョッパリ」と呼んだ。「豚の足」という意味で、日本人の履《は》いていた下駄が豚の足のように見えたからだ。残念ながら「チョッパリ」は現在もよく使われている。

日本人の商店街と朝鮮人の商店街

朝鮮人街の話に戻る。

整然とした町に日本瓦を載せた2階建ての家や、和洋折衷の家を建てて住んだ日本人とはちがい、朝鮮人の大部分は郊外の山岸に土壁の家を建てて暮らした。今の開福洞《ケボクドン》、昌城洞《チャンソンドン》、屯栗洞《トゥンユルドン》などの地域である。

住むエリアだけでなく商店街も分かれていた。本町通り（現・海望洞）、全州通り（永和洞）、明治通り（中央路1街）が日本人の商業地域だった。中央路は今となってはさほど広い道路には見えないが、当時は「新作路《シンチャクノ》」などと呼ばれ、非常に広い道路だったという。

現在の中央路1街周辺で植民地時代の建物を見つけるのは難しく、当時の商店ではないかと思われるものが1～2カ所あるのみだ。

朝鮮人の商業地域の中心は栄町（今の中央路2街）の通りで、開城《ケソン》（旧・松都《ソンド》）商人が多かったため松房通り（ソンバンコリ）とも呼ばれた。朝鮮人資本家による宿泊業や小規模な金融業、小売業などが盛んになり、麻、焚き物、餅、米などを売る市場が生まれ、自然に朝鮮人の商業地が形成されたという。

中国人が若干いたものの、日本商人はこの地域には進出が難しく、2割程度に過ぎなかった。日本人の天下だった群山で唯一、朝鮮人の経済が生きていた場所だ。

1930年代中頃、明治通りに3階建ての「三中井《みなかい》百貨店」が開業した。現在の中央路1街、群山郵便局のある場所だ。日本からの輸入品や国内の高級品を揃え、主に日本人や裕福な朝鮮人を客層とした。群山の女性たちにとって憧れの的だったという。群山初の日系百貨店だった三中井百貨店に対抗し、栄町には朝鮮人資本の「東亜《トンア》百貨店」ができた。

解放後、日本人街だった全州通り（永和洞）は、日本人がいなくなって機能しなくなり、スラム化していった。

一方、朝鮮人の商業地域だった栄町は栄えるようになり、現在、群山一の繁華街となっている。形勢が逆転したというわけだ。

群山税関と朝鮮銀行

月明公園から蔵米洞《ジャンミドン》のほうに歩くと、赤レンガと花崗岩でつくられた欧風建築が見えてくる。植民地時代から１９９３年まで税関として使われていた旧群山税関である。設計はドイツ人。ベルギーから輸入された赤レンガを使って１９０８年6月に建てられた。こういった建築様式のものは旧群山税関の他には、ソウル駅と韓国銀行本店だけだという。玄関は堅く閉じられている。中に入れないのを残念に思いながら、後ろ姿を見てみようと思って裏手に回ると、小さな裏門が開いているではないか。

少々迷ったあげく、靴の雪をはたいて中に入った。無断侵入といえば、その通りだ。余計な誤解を招くのではないかと、ちょっと緊張した。

オフィスとして使われていたらしい小部屋がいくつかあり、中央にロビーがあった。ロビーには群山の近代史を伝える古い写真や地図などが展示されていた。湖南地域の税関や群山港の歴史を紹介する展示場として公開する準備をしているようだ。

旧・群山税関から百年広場のほうに歩くと、古びた巨大な建物が見える。旧・朝鮮銀行である。１９２３年に建てられた当時は、ソウル以外にこれほど大きな建物はなかったという。群山の繁栄ぶりを象徴する建物だ。4階建てほどの高さがあるが、内部は2階建てである。日本人建築家・中村與資平《よしへい》の設計と伝えられている。日本の将軍がかぶるカブトのようないかめしい姿を表現したというが、退廃した今の姿からは、あまり強そうな印象は受けない。

解放後は韓一《ハニル》銀行などとして使われたが、銀行が移転した後はナイトクラブに変身。右手にある入口には、色あせたナイトクラブやカラオケの看板がぶら下がり、この建物の波瀾万丈の人生模様を物語っている。群山一の繁華街にあった日本の権威を象徴する堂々たる建物が、みすぼらしい姿に落ちぶれて、今や無用の長物として放置されている。

現在、群山市ではこの建物を活かして「日帝収奪博物館」として利用する計画があるという。新たな人生のスタートといったところか。

湖南随一だった明山《ミョンサン》遊郭

明山《ミョンサン》市場のほうに向かった。植民地時代の歓楽街「遊郭通り」があった場所だ。湖南随一だったという明山遊郭は解放後に廃止され、その後、朝鮮戦争のときには北から逃れてきた避難民たちの臨時収容所として使われた。遊郭1カ所に30世帯以上が暮らすことになり、彼らの生活を支える市場が自然に形成された。「遊郭市場」の名もあるが、現在は「明山市場」と呼ばれている。

それにしても寂しい市場だ。お店の人に覇気がなく、商売をしようという気合いが感じられない。買い物客の姿もほとんどない。冬だからなのだろうか。

「遊郭の名残りはほとんどありませんよ」という群山市庁の金中奎さんの言葉どおり、遊郭があったということを示すものは見られなかった。

1908 年に建てられた群山税関。1 階ロビーには植民地時代の群山のモノクロ写真がパネル展示されていた。

いかめしさがかえってもの悲しい旧・朝鮮銀行群山支店。「日帝収奪博物館」という、日本人には刺激の強い名前で再生される計画がある。

市場を抜けると、右手に古い木造2階建ての日本家屋が2軒ほど並んでいた。1階は商店、2回は倉庫として使われているようだ。当時の遊郭の写真を見ると、瓦で覆われた二重屋根の木造建築で、2階は広い窓が一面についている。無理にこじつけるわけではないが、ずいぶん古びたこの建物も、構造が遊郭に非常に似ている。

群山の遊郭は1900年代後半、日本の役人と当地のお金持ちが始めた。なぜ役人かというと、遊郭を設ける利権が絡んでいるからだ。1930年代、明山遊郭には日本人遊郭が8カ所あり、61人の芸者がいた。朝鮮人遊郭は3カ所で、26人の女性がいた。

遊郭遊びは、お金持ちでなければ手が出せない。『群山歴史話』は次のように書いている。

——当時、日本人遊郭の女性は日本人がほとんどだったが、なかには和服をまとった朝鮮人もいた。朝鮮人遊郭の女性は民族服を着た韓国人だけである。遊郭に出入りするには3ウォンから5ウォンかかったという。当時、米1升が1ウォン50銭だったから、米2升買える大金だ——

遊郭の仕組みについても同書は詳しい。

——遊郭に客が来ると、年配の女性が居間に連れていく。そこには写真が掲げられており、客は写真を見て好みの女性を選ぶ。相手が決まると、部屋に通される。小さな御膳でお茶と煎餅が供され、女性を待つという手順である——

明山遊郭の跡地。脂粉の香りが漂ってきそうな妓楼を彷彿とさせる入母屋造りの建物。1階部分は今も商店として使われている。

月明洞の一角。左はレンガ壁と日本式の引き戸の組み合わせが奇妙な長屋。右は妓楼を思わせる建物。かなり老朽化しているが、人が住んでいるようだ。

明山市場の向かいには華僑小学校がある。明山遊郭で最も繁盛した「七福」という遊郭があった場所である。1925年に建てられた娼家造りの日本家屋で、さぞかし栄えたであろうに、その面影はどこにもない。

遊郭以外では、裕福な朝鮮人が妓生《キーセン》（芸者）目当てに通う「料理屋」や、裕福な日本人が芸者遊びをする「料亭」があった。料理屋は栄町（栄洞）に、料亭は明治町（中央路1街）に集まっていたという。

唯一の日本式寺院・東国寺

韓国人が何の予備知識もないまま明山洞にある東国寺《トングクサ》を訪れたら、きっと怪訝《けげん》に思うだろう。山奥にある韓国の寺院とは明らかにスタイルがちがうからだ。しかし、日本人にとっては見慣れた寺院の姿である。1913年、日本人僧侶・内田仏師が創建した寺院であり、当時は金光寺と呼ばれた。解放後、韓国人僧侶が引き継いで東国寺とした。韓国に残る唯一の日本式寺院だという。

ひと気のない静かなお寺だった。入口の外に雪が掃き出してあるところを見ると、修行僧もいるようだ。日本家屋にはずいぶん慣れてきたが、伝統的な日本寺院を見ると不思議な気持ちになった。

中央の本堂「大雄殿」の右手には僧坊が、左には鐘楼がある。本堂と僧坊が廊下でつながるスタイルは韓国の寺院にはなかなか見られない。僧侶の生活空間である僧坊と職場である本堂がつながっているのは、世俗の生活と僧侶としての職務を一体とみなす日本仏教の特徴から来たとされている。韓国の寺院では、お堂と僧坊は離れているのが普通だ。

やはり宗教者には寛容の心があるのだろうか。多くの植民地時代の建物が破壊されてしまったなか、かつての姿をほぼそのまま残しているのは驚きだ。

韓国の寺院の多くが、儒教が主流となった朝鮮時代に山奥に追いやられたのに対し、日本の寺院は町の近くにある。金光寺も群山の中心地にあった。建立のための材料はほとんど日本から運ばれたという。

朝鮮初の競馬場

市庁の金中奎さんの話では、植民地時代、群山に競馬場があったという。それが朝鮮初の公式の競馬場であったというから驚きだ。京城の新設洞《シンソルドン》競馬場ができた前年、1927年につくられた。

朝鮮で競馬競技が始まったのは1900年代とされ、日韓併合以降、釜山、大邱、元山、平壌などで日本人が主催するようになった。群山で競馬が始まったのは、開港で日本人が大挙して押し寄せ、農場主が増えた頃だろうといわれている。広い農場を見回る交通手段として、そして朝鮮人小作人たちに威圧感を与えるための道具として、日本から高価な外国馬を持ち込んだのだ。

群山は１９２３年頃から景気がよくなり、馬を所有する人が増えた。馬主たちが乗馬クラブを組織し、賭博営業を目的とした競馬を本格的に始めるため、現在の東部《トンブ》市場（ターミナル裏側）近くの農地を購入して競馬場を設けたとされている。

１９４１年、太平洋戦争が始まって軍馬の確保が急務になると、競馬は一気に下火になった。群山ではそれ以前の１９３０年代後半、日本で米の生産量が増加したため、群山港からの米の輸出が減少し、それによって競馬も斜陽の時代を迎える。１９４１年の秋の競馬を最後に中断された。その後、群山競馬場は太平洋戦争末期、米軍機が着陸できないようにコースを爆破してしまったのだという。

競馬が開催されるときには、80頭の馬が汽車で運ばれてきたという。騎手たちが馬に乗って楽隊を従えて群山市内をパレードし、競馬の宣伝をしたこともあった。競馬場の入場料は無料だったため、大いに賑わったという。ただし、馬券は1ウォン、2ウォンだったため、庶民には縁遠い遊びだった。

何か跡でも残っているだろうかと、東部市場あたりに向かった。雪道をかきわけながら進むと、群山観光ホテルの裏手に「キョンマギョ（競馬橋）」と刻まれた橋があった。東部市場のすぐそばまで行ってみたが、競馬場そのものの痕跡は見あたらない。

群山に続々誕生した日本人大地主

群山に初めて定住した日本人は左勝豊次だとされている。群山や沃溝の米を日本に輸出する米商人だ。開港前からひそかに群山に住んでいた日本人もいて、開港した1899年当時には約70世帯に上ったという。釜山・仁川の次は群山が開港だという前評判があったからだ。

1900年以降、租界に日本人たちの住宅が建設され、一攫千金を夢見る日本人たちが押し寄せた。定住人口は422人とされ、行商などのための移動人口も加えると1000人を超えると推定されている。没落した商人や武士出身者、農業経営者などが多かったという。

群山で初めて農場経営を目的に土地の買収を始めたのは、1903年に群山に上陸した宮崎佳次郎だった。熊本出身の彼は教育も受けられず、時計屋や町工場の見習いなどをして生活していたが、1890年に朝鮮半島に渡った。そして、高麗人参で大儲けし、群山に移って土地を買い集めて農場主となった。

宮崎佳次郎は最初の農場主だが、最高の農場主はといえば熊本農場のオーナー・熊本利平だった。もともと土地ブローカーだった彼は朝鮮でも土地の売買で財を蓄え、農場を開いた。

今の開井《ケジョン》病院の場所にあった熊本農場は1932年、3500町（1千万坪）もの農地を所有する大規模な農場となった。

その他の地主としては、大倉喜八郎、岩崎久弥、細川護成、島谷八十八などが知られている。群山周辺は、日本人による土地所有の割合が全国で最も多かった。

朝鮮の米を必要とした日本が、群山周辺の農地に着目したのは自然なことだ。日本の10分の1程度の安い土地、そして日本の4倍を超える収穫が得られる群山の土地は、またたくまに日本人の手に落ちた。そして、朝鮮人の農民たちは小作人へと転落した。群山地域の農民の8割が日本人地主の小作農になったという。

日本人はどうやって農地を取得していったのか。『群山歴史話』にはこう書かれている。

「当時日本人たちは朝鮮人農夫たちに、土地を担保に金を貸していた。朝鮮人の金貸しよりも安い利率で、返済期限も3〜6カ月だった。ところが、農民が期限通りに金を返しに行くと、日本人業者は外出していて会うことができない。やがて期限が過ぎてしまい、それを口実に土地が奪われた。そんな手口もあったという。しかし、なかには自ら日本人に土地を売る朝鮮人もいた。日本人なんてどうせ近いうちに朝鮮から追い出されるのだから、また土地が戻ってくるはずだと信じたからだという。一方、国が滅びたら土地を奪い取られる恐れがあり、それなら売れるうちに売ってしまおうと考える人もいた」

苦労は朝鮮人に、土地は日本人に

植民地時代、東洋拓殖株式会社（東拓）に次ぐ大地主といわれた不二興業株式会社は、１９２０年から３年かけて群山周辺で干拓事業を展開した。当時の干拓は人力が頼り。ひたすら土を掘って運ぶという工事に動員されたのが朝鮮人たちだった。賃金のほか、干拓事業完成後の永久小作権保証、小作料３年間免除という好条件に、各地から多くの朝鮮人が集まった。彼らは希望を抱いて、艱難辛苦《かんなんしんく》に耐えて工事を完了させた。

しかし、３年の苦労の末に彼らが得たものは、約束とはあまりに遠かった。提供される土地は、群山から遠く離れた８５０町のみ。１世帯あたり１０００坪ということになるが、小作料を差し引くと、家族が暮らすにはとても足りない。

一方、干拓工事など見にも来なかった日本人移住者には「不二農村」という条件の良い土地が、１世帯あたり１万２０００坪提供された。しかも、無利子で12年間で償還した後は、所有権が得られる。これは群山に限らず、不二興業が進出したところはどこも同じ状況だった。彼らのやり口は日本人からも非難を浴びるほどだったという。

国を失うのは悲しいことだというが、あまりに歴然とした差別だった。不当な仕打ちを受けた朝鮮人たちは憤懣《ふんまん》やるかたなかっただろう。

不二農村に移住した日本人たちは、自分たちの故郷をしのんで「広島村」「奈良村」「佐賀村」などと名をつけた。一方、小作人として生計を立てられなかった朝鮮農民のなかには、故郷を捨てて中国に農業移民する人も少なくなかった。

不二興業は農場だけでなく、商業、鉱山、農器具製造などさまざまな事業を全国に拡大していった。その事業の中心には不二興業創始者の藤井寛太郎がいた。1876年に福島で生まれた藤井寛太郎は、1904年3月に朝鮮にやって来て、貿易と金融で財を成した。それを元手に、1914年には「不二興業株式会社」を設立して干拓・水路整備事業に進出し、やがて「干拓王」あるいは「水利王」と呼ばれたという。

全群道路開通を急いだ真の目的とは？

大野面にある群山文化院に向かった。道路標識には「全州○km」という文字があちこちに見られる。群山と全州を結ぶ道路にちがいなかった。運転手さんに尋ねてみると、全州まで1時間もかからないとのことだ。

群山から益山、全州に通じるこの26番国道は、1908年に日本が開通させた全国初の2車線道路である。「全群道路」あるいは「繁栄路」と呼ばれていた。

日本は朝鮮で多くの「新作路」をつくり、道路網を整備した。しかし、なぜ全州と群山を結ぶ道路をことさら急いだのだろうか。

群山の立地条件がわかれば答えは簡単だ。全羅北道《チョルラプッド》の米を群山に運ぶためであり、また、群山港に入ってくる日本軍の円滑な展開のためだ。さらに、朝鮮三大市場のひとつ江景市場の民族資本を崩壊させせようという意図もあった。

これについては『群山歴史話』が詳しい。

――全群道路が開通する以前、全羅北道の商業輸送は全州と江景を結ぶ水運に頼っていた。全州地方の特産品である韓紙、砂金などは、江景の水路を通じて京畿《キョンギ》や仁川などに運ばれていた。水運の要衝として栄えた江景は、排他的な朝鮮人民族資本の拠点となり、日本人の進出が難しかった。そこで、日本が開いた突破口が群山港だった。江景に集まる人々を群山港に誘導する手段のひとつとして全群道路を手がけたのだ――

全群道路が開通すると、江景に向かった全州商人たちが、日本からの舶来品を求めて群山港に集まり、群山発展のきっかけとなった。「陽」があれば「陰」があるもの。群山発展の陰で、江景はかつての活気を失い、朝鮮人資本家も没落の一途をたどった。

群山・全州間の往来が盛んになると、1913年から24人乗りの乗合バスが走り始めた。全州を発ち、益山《イクサン》経由で群山駅前広場に到着するこのバスは日本人が運行し、客の大部分が日本人だった。乗客が望めば家まで迎えに来てくれたり、群山に到着すると目的地まで送ってくれるサービスも人気だった。初期の乗合バスはタクシー並みのサービスを提供していたわけだ。

日本人にとってはチャンスを切り開く道路だった一方、朝鮮人にとっては民族資本の崩壊のきっかけとなった屈辱的な道路なのだ。

日本人地主と朝鮮人医師・李迎春《イヨンチュン》博士の関係

大野面から群山に戻る途中、ファホ里にある中央病院に向かった。前述の通り、群山最大の地主だった熊本利平の熊本農場があった場所だ。当時の建物が残っているという話を聞いたからには、行ってみなければならない。

資料によると、農場事務室を中心に右側に大型米穀倉庫（現在の中央病院）、左側に小作人のための「慈恵診療所」、裏手には農場職員らの社宅が屏風のように並び、農場入口の「ファホ支署」に歩哨《ほしょう》が立っていたという。

特に目立つのは、まるで別荘のような木造住宅だ。

普段は日本に住んでいた熊本が、秋の収穫のときに群山に来て泊まった邸宅だという。フランス人が設計し、日本人が施工し、中国人がオンドルをしつらえたと伝えられ、洋式、和式、韓式を備えた様式だったという。すなわち、玄関やリビングルームは洋式、奥の座敷は和風の畳部屋、管理人の住まいはオンドル部屋であった。

植民地時代は金光寺と呼ばれた明山洞の東国寺。どこから見ても日本風の寺だ。「大雄殿」とは仏殿のこと。

日本人地主・熊本利平の別荘だった和洋折衷の家屋。現在は医師・李迎春博士の家族が住んでいるという。

白頭山《ペクトゥサン》のもみの木で建てられたというこの建物は今もしゃれたたたずまいで知られ、映画やドラマのロケ地として使われた。今は李迎春《イヨンチュン》博士（1903〜1980）の夫人や子孫らが住んでいるという。博士は1935年、熊本農場の慈恵医院に医師として赴任。農場所属の3000世帯2万人以上の朝鮮人農民の面倒を見た。

熊本は大地主だったため、植民地の土地収奪の先鋒として非難されたが、李迎春博士にとっては特別の人だったという。農村衛生事業を始めようとした李博士の最大の理解者にして後見人だったからだ。李博士は話がうまかったわけではないが、誠実な人柄で相手を説得する力があった。熊本も李博士の説得には耳を傾けたという。

理想に燃える若き医師・李博士が慈恵医院の所長として赴任したことが、朝鮮の農村衛生の先駆けとなった。労働者として健康な朝鮮人がほしかった熊本の意図がその背後にあったのも事実のようだ。

日本財閥の争いが生んだ益山駅

次の目的地、羅州《ナジュ》・栄山浦《ヨンサンポ》に発つために群山駅に向かった。

列車で群山に来るたびに、なぜ湖南線が群山を通らないのか不思議に思っていた。湖南線に乗るためには益山で乗り換えなければならないのだ。

京釜線も湖南線も植民地時代に開通した路線だ。当時の群山の地位を考えれば、湖南線が通らないのが不思議でならない。なぜ、湖南線は群山を避けたのだろうか。これには、もちろん理由がある。全州と群山の日本人財閥同士の争いが原因だ。両都市に巨大な農場をもっていた全州の「三菱グループ」と群山の「大倉グループ」の意地の張り合いだった。

湖南線の鉄道敷設権をもっていた総督府は、両グループのご機嫌を伺っていたため、どこに駅を設けるか、なかなか決断ができなかった。結局、総督府は全州と群山の中間にある益山を選んだ。そんなわけで、本来予定にもなかった益山が湖南線の中心的な駅になったのだ。

その後、1912年に群山に湖南線の支線が敷かれ、群山駅が設けられた。当時の駅舎は木造2階建てで、広い待合室を備え、北朝鮮の平壌駅とほとんど同じ構造でつくられたと伝えられている。

栄山浦《ヨンサンポ》
蛮行と栄華の夢のあと

日本人の大地主を誕生させた栄山浦

全羅北道の益山から全羅南道の羅州《ナジュ》行きのKTX（韓国高速鉄道）に乗る。

いつまでも降り続く雪。今回の旅は、まるで雪に降られに行ったかのようだ。目指すのは栄山浦《ヨンサンポ》。「浦」の字がついていることからもわかるように、ここも江景《カンギョン》同様、川の港だったところだ。

穀倉地帯である全羅南道の内陸を貫く栄山江《ヨンサンガン》は、古くからこの地域の水運の中心だった。朝鮮時代には栄山倉と呼ばれる漕倉（中央に納める租税米を保管する倉庫）が川沿いに設けられた。その後、漕倉は霊光《ヨンクァン》の法聖浦《ポプソンポ》に移されたため、栄山倉はその役目を終えた。

そんな歴史のなかで、栄山浦は独立した市場をもたないまま羅州の商圏に吸収され、羅州にある入り江のひとつとして息を潜めていた。

栄山浦に変化の波が訪れたのは、木浦《モッポ》の開港（1897年）のとき。木浦を拠点にした日本人が、穀倉地帯である全羅南道の内陸と木浦を結ぶ要衝として栄山浦を選んだのだ。栄山浦は日本人大地主を誕生させながら、水運の要衝として発展することとなる。

羅州駅に到着する。ソウル、龍山《ヨンサン》、釜山など都会のKTX駅に比べて小さな駅舎に、思わず心が和《なご》む。改札口の右側のこぢんまりした展示スペースには、羅州の特産品が並んでいた。一番目立つのは、黄金色の梨——ただし模型だ。韓国人の誰もが、羅州といえば梨をイメージするほどの名産地なのだ。

羅州梨（ナジュペ）は朝鮮時代にはすでに栽培されていたことが知られているが、今のように有名になったのは、実は日本人がこの地で果樹栽培を始めた後のことである。

朝鮮半島を植民地化する決め手となった日露戦争に勝った1905年以降、日本人は果樹園を積極的に経営するようになり、朝鮮半島各地でリンゴ、梨、ブドウなどの栽培を始めた。

1910年、松藤伝六という日本人が錦川《クムチョン》面の松林を切り開き、日本梨の苗木を植えて栽培を始めた。これが羅州梨の本格栽培のルーツだ。1929年には朝鮮博覧会に出品して銅賞を受けたことで味が認められ、羅州の名産品として脚光を浴びるようになった。

寒さのせいで駅前の道が凍ってツルツル滑る。日本人助手は、慣れない状況に用心深くそろりそろりと足を進めている。ようやくタクシーに乗り込んだ。駅舎から出てくる人影はまばらだ。雪は止みそうな素振りを見せながらも、しぶとく降り続く。「栄山浦の船蔵街まで」と運転手さんに告げた。

「こんな雪の日に何を見に来たんですか？　この辺は何もないですよ」

過ぎ去った日々の面影などには興味がないのか、あるいは、いつも目にして慣れてしまっているのか。50代に見えるこの運転手さんにとっては、「いにしえの面影を残す街」なんて何もない、つまらない場所なのかもしれない。しかし、古の郷愁を訪ねるのが大好きな私にとっては、どんな派手な観光地や、きらびやかな都会よりも魅力的に映るのだ。

東洋拓殖株式会社の文書庫と、役目を終えた灯台

雪の中、建物らしい建物のない道路を15分ほど走り、橋（旧栄山大橋）を渡ると、「ホンオフェ」（ガンギエイの刺身）という看板を掲げた店が目立つ街並みに入った。栄山浦の船蔵街のようだ。

「船蔵街というとこのあたりだけど、どこに停めましょうか？」

「『東洋拓殖株式会社』の建物があるところに行ってください」

堤防に沿って5分ほど走ると、庭のある和洋折衷の赤レンガの建物が見えた。雪に覆われてはいるが、庭はよく手入れされているようだ。

写真で見た東洋拓殖株式会社（東拓）の「文書庫」に違いないが、案内板の類はどこにもない。だれかの住宅になっているようなので、近づくのをためらっていると、私たちを待つことにした運転手さんが車から降りてきて、かまわず建物に近づいていく。

どうやら、家人は留守のようだ。2階建ての文書庫が初めから赤レンガだったのかどうかはわからないが、日本人助手は「形や大きさから見て蔵だったたんじゃないですか。周りをレンガで補強したように見えます」と言う。窓のスタイルなどは今の持ち主の趣味に合わせてモダンに改修されているようだ。

１９０８年に設立された東拓は、朝鮮半島の土地を安い値段で買い取っていった。栄山浦もその時期に東拓が開発した街のひとつだ。１９１０年、東拓の栄山浦支所が開設され、これを機に大規模農場が開かれて「日本人大地主」が誕生することとなった。

ここには１９２０年に木浦に移転するまで使われた事務所があったが、現在は文書庫しか残っていない。

日本ではどうであれ、東拓は今も韓国人にとって「朝鮮の土地収奪の尖兵」だ。もちろん当時も朝鮮人の怒りと恨みの対象だった。たとえ文書庫でも、近代史を学んだことのある韓国人なら、愉快ではない場所だと知っているはずだが、そこがおしゃれに改装されて使われているとは意外だった。

文書庫を離れ、堤防沿いを再び行くと、堤防ごしに白くて丸い小さな屋根が見えた。車を止めて道端の案内板を見ると、日本植民地時代に立てられた「内陸灯台」だとわかった。降り積もって凍った雪でツルツルになった急な階段を、注意深く上ってみる。白い丸屋根の正体は、灯台の天辺だった。海辺を守るロマンチックな灯台を想像してはいけない。形は灯台であるものの、そこに海はない。なんとも物足りない景色だ。

日本人がこの内陸灯台を立てたのは１９１５年。水位観測の機能ももっていたという。韓国の内陸河川に残る唯一の内陸灯台だ。海岸や島で航路を導く灯台が、内陸の奥深い川辺にあることを考えると、ここが航路としてどれだけ栄えたかがわかる。

しばし灯台の欄干に立ち、川底が見えるほど浅い栄山浦の流れを眺めた。古くから西側の海と内陸部を結ぶ航路であり、木浦の開港以降は蒸気船も通っていたというこの川に、もはや船の姿はない。１９７８年１月、栄山湖の工事によって栄山浦は船蔵の機能を失い、今は船が出入りした時代の面影が所々に残るのみだ。

私たちが羅州駅から来たときに渡った橋も近くに見える。栄山橋である。

資料によると、１９２２年にこの橋ができる以前の１９１４年当時、釜山の影島大橋《ヨンドテギョ》のように、船が通るときに橋を持ち上げる開閉式木橋があったという。日本人が架けたもので、橋を通行する人々は通行料を払った。しかし、洪水に弱かったため、鉄筋コンクリート製の

日本式の蔵を赤レンガで全面補強したと思われる、東洋拓殖株式会社栄山浦支所の文書庫。現在は住居として使われているようだ。

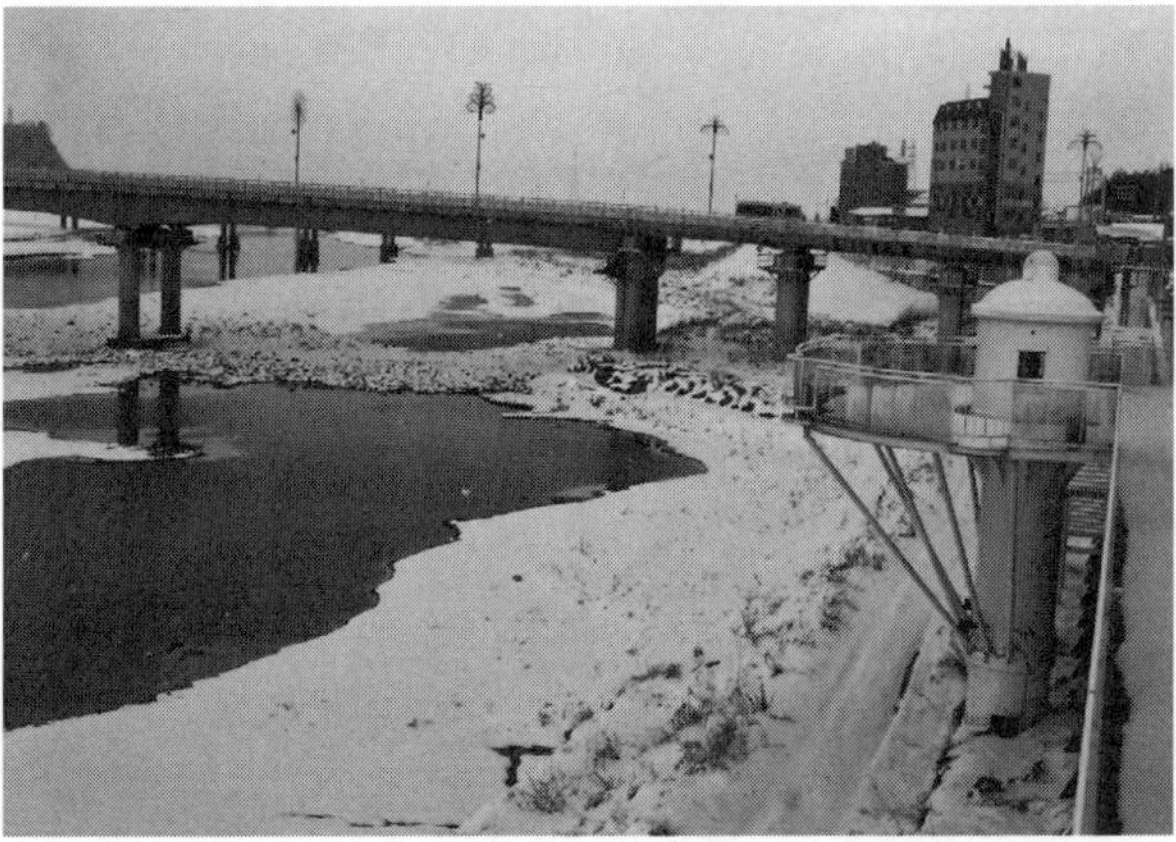

栄山江に残る小さな灯台。川沿いにはエイの卸しや小売りの店が並んでいる。江景同様、多くの帆船が出入りし、全羅南道の物資を日本に運んだという。

現在の栄山大橋が架けられたというわけだ。

精米所や絹問屋が栄えた繁華街

羅州駅側から栄山橋を渡り、派手な赤い看板のエイ刺の店の角を左に曲がると、60〜70年間の歳月の重みを感じる無彩色のパノラマが開ける。人影がほとんどない冬は、なおさらひなびた感が強い。

「私が幼かった頃はまだ繁華街でした。精米所や絹問屋、居酒屋……ここで商売していたのはみんな中国人でした。みんなどこかへ行ってしまって、今は1カ所しか残ってません。ちょっと前まで日本の家も多かったんですが……でも一番多く残っているのはこの通りです」

情のあつい運転手さんは、雪の中を歩き回る私たちが心配で放っておけなくなったのか、ガイド役まで買って出てくれている。

溶けかけた雪でぬかるむ道を歩いていくと、日本式の店舗が並ぶ場所に出た。建物は1階建てか2階建て。赤いレンガが所々はげ落ちて壁はまだら模様。いつ割れたのかもわからないガラス窓のひび割れをふさぐテープ、店の入口の色あせた鉄の扉、積もった雪の重みでつぶれそうな屋根、崩れ落ちそうな木の壁。ちょっと見ただけで、ほとんどの建物がずいぶんくたびれているのがわかった。

ちょっとした坂道を歩いていくと、左手に2階建ての建物が目に入った。和洋折衷で、当時としてはおしゃれな建物だったのかもしれない。合気道道場の看板が出ていたが、すでに使われなくなって長いようだ。運転手さんの話では、結婚式場としても使われていたという。資料によると、このあたりにあったという朝鮮殖産銀行である可能性が高い。

もともとは2階建ての木造店舗だったようだが、後に1階部分だけセメントで補修した建物もある。1階の小さなひさしには久々に見る氷柱《つらら》がぶら下がっていた。

今のような多彩な娯楽がなかった私の子ども時代、寒い冬でもおかまいなしに外で遊ぶことが多かった。走り回ってノドが渇くと、ひさしからぶら下がる氷柱を折ってノドを潤したものだ。雪が降れば一日中、外で雪だるまをつくったり雪合戦をして、母に呼ばれるまで家に戻らなかった。しかし、ここには子どもの声はなく、静まりかえっている。

最も目を引いたのは、精米所の建物だ。スレート屋根や壁はさびて穴だらけ。打ち捨てられてずいぶん時間がたつのだろう。その姿は、主に捨てられ廃車を間近に控えた自動車のようにうら寂しい。だが、人にも建物にも、春を謳歌した時代があったはず。米の集散地だった栄山浦で最も栄えた場所のひとつが精米所だった。

日本植民地時代、米を扱うことで多くの都市が発展した。栄山浦も例外ではない。

日本人大地主が土地をもつ羅州平野で収穫された米はここで精米され、浦口で船積みされて木浦に向かう。そして日本海峡を渡って日本に運ばれた。米の集散地として精米業が発達し、約13カ所の精米所が栄華を誇った。といっても、儲けたのは日本人だったのだが。土地を失って小作農に転落し、自分が刈り入れた米を見ることもできないまま納めるのを強いられた朝鮮人農民の心情はどうだったのだろう……。日本人大地主の豊かさを支えた朝鮮人の汗と涙に思いをはせる。

60～70年前にタイムスリップしたなら、木浦から運ばれた肥料、石油、マッチ、衣類、食料、雑貨、そして全羅南道各地から集まる米、綿花、繭、雑穀などの交易市場として栄える賑やかな街並みをここに見ることができるだろう。

日本人が進出して以来、羅州をしのぐ町に発展し、ビジネスチャンスを夢見て各地から人々が集まった。しかし、今はチャンスを求めて町を後にする人が増えている。

「見てもらいたい日本家屋があるんですよ」という運転手さんに案内されたのは、長い間放っておかれたらしき、くたびれた日本家屋だった。しかし、ちょっと見てみると、その規模や造りから、かなり裕福な人物が住んだと思われる気品が漂っている。

よそ者の訪問に応えてくれたのは家人ではなく、つながれた2匹の犬だった。人恋しかったのか、ずっと吠え続けている。ご主人様は外出中で、犬たちが留守を守っているらしい。

朝鮮殖産銀行、結婚式場、合気道道場などに使われ、現在はただ朽ち果てるのを待つだけの建物。栄山浦沿いの通りに面している。

氷柱が寂しさを感じさせる栄山江沿いの羽目板式の木造家屋。2階のガラス窓が外れたままだが、1階には人が住んでいるようだ。

雪が積もった二重の屋根や三角屋根の玄関など、田舎の豪農の家に来たようだ。垣根などはないため、野菜畑のようになった庭を通って建物に近づいてみた。近くで見ると、ぜいたくな造りの頑丈な建物であることがよくわかる。屋根を支えている柱だけ見ても、立派な材木を使った一本柱だ。使いやすいように補修されてはいるものの、基本的な骨格は当時のままのようだ。

家人はすぐ戻ってくるつもりだったのか、ドアは開けっ放しだ。ちょっとのぞいてみると（失礼）、やはりというべきか、屋内はすっかり韓国式でオンドルになっている。だれかいれば中まで見てみたかったが、不在ではこれ以上は無理だ。

ここに住んでいたのは、どんな人だったのだろう。よほどのお金持ちか有力者の日本人だったのではないだろうか。その予感は的中した。

1930年代、羅州一帯の土地を千余町歩（1町歩は3000坪）所有していた黒住猪太郎の邸宅だったという。日本人地主の多い当地でも、黒住猪太郎は大地主中の大地主だったそうだ。岡山出身の彼は朝鮮全土を視察する途中で羅州平野を見て栄山浦に定住。本格的に農地を買い入れて地主となり、「朝鮮農会」に加入して農地を確保した。その傍ら、カマスの取引や金融業などで財をなしていった。

件の邸宅は1935年に建てられたとされており、青瓦はもちろん木材やレンガなどすべ

岡山県出身の資産家・黒住猪太郎が住んだ家。少し手を入れれば、まだまだ立派なお屋敷として通用しそうだが、今は物置として使われているようだ。

黒住猪太郎宅の軒の裏には、直径30センチはありそうな立派な1本の梁が通っていた。

ての資材を日本から運んで完成させたという。当時の日本本土でもこれほどの規模の邸宅はそうそう見られなかったといわれ、その財力のほどが想像できる。

布施辰治と羅州人との縁

日本による土地の収奪が頂点に達した1926年、東洋拓殖株式会社が栄山浦を含む羅州の宮三面《クンサムミョン》（現在の栄山浦、セジ、ワンコッ面、ゼギボファン面）の豊かな農地に触手を伸ばした。これに対して農民が反旗を翻したのが宮三面抗日農民運動だ。

しかし、農民が日本憲兵に殺されるなどしたため、農民たちは弾圧に絶望。日本の知識人にこの現状を訴えるため、農民代表らが血書を携えて日本に向かった。彼らに会った日本人が布施辰治（1880～1953）という弁護士だった。

韓国で「日本のシンドラー」と称される布施辰治は農家に生まれた。名門大学である明治法律学校を卒業すると、東京に弁護士事務所を開設。血気盛んな青年弁護士となり、人権運動に積極的に関わった。

朝鮮との最初の縁は、1919年2月8日、東京で「2・8独立宣言」を掲げた朝鮮青少年独立団の裁判の弁護を自ら買って出たことに始まる。その後、日本国内での朝鮮人の独立運動、社会主義運動、アナーキスト運動など朝鮮人と関わる裁判の大部分で弁護士を務め、朝鮮の独立を支持した。

　血書を携えた農民代表に会った布施辰治は血の同盟に感銘を受け、１９２６年、朝鮮を訪れた。土地を奪われた宮三面の農民たちの土地所有権を取り戻す裁判で弁護士を引き受け、東拓の行為を合法的な詐欺行為だと主張して、日本政府を真っ向から批判した。朝鮮総督府は布施辰治の圧力を受け、農民たちはめざましい勝利を得た。しかし、このため彼は１９３０年代、３度にわたって弁護士資格を剥奪され、２度投獄されている。終戦後も彼と韓国の縁は続いていた。

　肥沃な土地が多いゆえに厳しい収奪の対象になった全羅南道では、農民による抵抗運動もまた盛んだった。羅州を視察し、苦しむ朝鮮人農民の側に立った日本人の存在は、日本人大地主が特に多かった栄山浦では特に際立つ。支配者と被支配者という一方通行の関係から脱し、温かい慈しみの心をもった日本人がこの地を歩き回っていたのだと考えると、少し心のつかえが取れたような気分になる。

　栄山浦から１キロ離れた旺谷面《ワンコクミョン》には宮三面抗日農民運動の記念碑が建てられている。

エイ刺の味

　日が暮れて、夜を迎える栄山浦。全羅南道の珍味・エイの刺身を食べなければ、ここに来た意味がない。運転手さんによると、エイの刺身を売る店は多いものの、食べるところはそれほど多くないという。なるほど、「卸・小売」という看板が目立つところを見ると、発酵したエイの刺身はここから全国に売られていくのだろう。70年代末には100カ所はあったというお店も、今では30店ちょっとだという。

町一番の人気店「ホンオ一番地」に入ると、いきなり発酵したエイのにおいがたちこめている。

なぜエイを発酵させて食べるようになったのか、そして、なぜ栄山浦が有名になったのか。実は倭寇《わこう》（日本の海賊）と関係があった。高麗末、和寇による侵略がひどくなったため、エイの産地である黒山島の住民たちを今の栄山浦に移住させて保護した。黒山島に栄山という大きな島があったことから、移り住んだこの地を栄山県と名づけたのだ。島民たちはエイの味が忘れられず、栄山江を通じてエイを内陸に運んできた。

しかし、運んでくる4～5日の間にエイは発酵してしまったのだ。捨てるのはなんとももったいなく、試しに料理して食べてみたところ、案外いける。これが全羅道だけのユニークな食文化のひとつであるエイの刺身の由来とされている。本来の味を引き出すためには、堆肥に漬けて1週間ほど発酵させたほうがいいというが、栄山浦では甕《かめ》に入れて発酵させる。

全羅道の人々が当地の食文化の極みであると誇る「紅濁三合《ホンタクサマプ》」が目の前に供された。エイの刺身と茹でた豚肉を酸味のある深漬けのキムチで包んだもので、ほんのり甘く清涼感のあるマッコルリの肴に最高だ。雪降る夜、暖かいオンドルの上で食べるピリリと舌を刺激するエイの刺身とマッコルリの味……もう言葉はいらない。

日本植民地時代にも黒山島のエイの集散地として有名だったという栄山浦。ここに住んだ日本人たちは、発酵したエイ刺にどんな思い出をもっているのだろう。

降り続く雪のせいか、いつのまにか店内はお客さんでいっぱい。男性がほとんどだ。癖の強い訛《なま》りを吐き出しながら、一日のストレスを忘れようとするかのように杯をぶつけている。

植民地時代、大地主のもとで働く小作人や船蔵街の労働者たちも、こんな居酒屋でエイ刺をつまみ、マッコルリをあおって、辛い世の中をひとときでも忘れようとしたのではないだろうか。

同じとき、洋服に身を包みピカピカの靴を履いた日本人大地主は、高級料亭でヒラメの刺身を肴に日本酒やビールを楽しみながら、我が世の春を謳歌していたのかもしれない。

そんな想像とエイ刺のピリリとする味に酔いしれるうちに、栄山浦の夜はふけていった。

木浦《モッポ》
日本の影を色濃く留める生きた博物館

タクシーと人力車

夜9時。木浦駅前のタクシー乗り場。タクシーを待つ人の列は、いつまでたっても短くならない。あちこちから「雪のせいか……まいったな」といった声が聞こえてくる。癖のある全羅道訛りであれこれ嘆きながら、一人また一人と、列を離れて去っていく。

バスもタクシーもなかった植民地時代、駅に降り立った人々はどうやって目的地に向かったのだろうか。タクシーを待っている間にそんな疑問が浮かんできた。木浦駅は湖南線の終点で、多くの人が利用したはずだ。

「ここは日本だったわけですから、人力車があったんでしょうね」

悩んでいる私に助手が言った。後で調べてみたら、1914年頃から20年近くに渡り、駅前には人力車があふれていたという。私は東京浅草の雷門前で一度だけ乗ったことのある人力車のスピード、そして華奢《きゃしゃ》だけれども力強かった車夫の背中を思い出していた。

待ちくたびれて諦めた人が増えてきたおかげで、列は徐々に短くなった。やっと乗れたタクシーで草原《チョウォン》ホテルに着いた頃には雪はさらに勢いを増していた。

江景から雪に降られ通しの旅の締めくくりとなる木浦も、やはり雪。夜の外出はあきらめるしかない。ホテルの窓のカーテンを開けると、吹雪でグレーに染まった夜空が広がる中、民家の窓の明かりが見えた。そこは木浦開港の当時、租界だった通りだ。そして、今晩の宿は、植民地時代に警察署があった場所である。

朝鮮人にとって植民地時代の警察署といえば、まさに「泣く子も黙る」という言葉がぴったり当てはまる恐ろしい場所だ。まさにこの場所で独立運動家が拷問を受けたり、罪もない朝鮮人が呼び出されて辱めを受けた。朝鮮民族の怒りと恨《ハン》の対象であった。

そう思うと、ベッドに入っても安らかに眠りに落ちるなどという気分にはとてもなれなかった。国を失った上、無実の罪で苦痛を味わされた朝鮮人たちの冥福を祈った。

なかなか寝つけない夜が明けると、嘘のような青空が広がっていた。これぞ本来の全羅南道の穏やかな空。積もった雪は、すでに溶けていた。

自ら港を開いた木浦

朝鮮半島の西南の端に位置する木浦が注目されたのは、１８９７年に開港して以来のことだった。開港場としての必要条件を満たしている木浦の開港を日本が急いでいたのは確かだが、朝鮮政府が自主的に木浦を開港した点が注目に値する。釜山、元山、仁川が日本の圧力に屈するかたちで外国との通商条約によって開港させられた「条約開港」だとしたら、木浦は朝鮮政府すなわち高宗《コジョン》皇帝の命によって自ら開港した「勅令開港」だった。

しかし、本当に自主的だったのかについては諸説ある。ロシアと日本の狭間で苦肉の策として港を開くしかなかったのだという説もあるからだ。租界での外国人の特権も、他の租界とそう変わらなかったともいわれている。

開港にともなって木浦鎮《モッポジン》（現在の万戸洞《マンホドン》）に各国の共同租界が設けられることになった。当時の木浦は沼地や干潟が多く、都市化するには護岸工事がまず必要だ。防潮堤の建造や干潟の埋立も欠かせない。木浦の歴史が「干潟と埋立の歴史」といわれるようになったのは、この時代に由来する。

こうして開かれた共同租界には、日本、イギリス、ロシアなどの商人が入ってきたが、日本以外はそれほど関心を示さなかったようだ。まるで日本租界であるかのように、日本人だけが増えていった。日本人住民が増えると、日本政府は自国民の保護という名目のもと、儒《ユ》達山《ダルサン》の南面のふもとに日本領事館を、その隣に領事館警察署を設けた。

日韓併合以前に領事館や警察署ができたのは、江華島《カンファド》条約（１８７６）で日本商人の治外法権が認められていたからだ。

強権支配の象徴、日本領事館

ホテルを出て右手に伸びる坂道を歩き、左手の横道に入ると、木浦文化院の看板が掲げられている。植民地時代の日本領事館だ。階段を上ると、建物の全容が現れた。赤レンガを用いた2階建ての洋風建築で、中央から張り出した木造の玄関や窓の装飾などが特徴的だ。

窓の上に白いレンガを配して描いた模様には、どんな意味があるのだろう。

というのは、日本が建てた建築物には、意図的に日本を象徴する模様が施されているといわれているからだ。日本の海軍旗のようにも見えたが、調べてみると、日本皇室を象徴する菊の模様であった。

日本領事館が開設されたのは1897年だが、その後、1900年に完成したこの建物に移転した。木浦で初めての洋風建築であり、最も高層の建物だった。今となっては、レトロな建物にしか見えないが、当時は日本の強大な権力の象徴だった。その威圧感は、建てられた場所からも明らかだ。当時の木浦で最も高い位置にあり、眼下に港が一望できるのだ。

植民地時代が終わった後は木浦理事庁、木浦市庁、市立図書館などとして利用され、1990年からは木浦文化院（歴史文化センター）となっている。

一時期、ロシア公使館として使われていたという説もある。あるいは、ロシア公使館として建てられたものを、日露戦争に勝った日本が接収したともいわれている。

しかし、はじめから日本領事館として建てられたという説が一般的だ。菊の紋様が施されているのもその証拠だという。とはいえ、純粋に日本の技術だけで建てられたかどうかについては疑問の余地がある。

日本語が達者な世代

こぎれいな外見とは裏腹に、文化院の内部は過ぎ去った長い歳月を感じさせる。

事務室では女性職員1人と男性職員2人が仕事中だった。植民地時代の木浦の資料を探していると告げると、その分野に詳しい人を紹介してくれることになった。本棚を物色しながら待っていると、60代と思われる男性2人が入ってきた。なんとなく学者っぽい風貌だ。ひとりは文化院に所属する柔和な感じの研究官Kさん。もうひとりは、ここを訪ねてきたAさん。眼鏡の奥の目に鋭い印象がある。

女性職員に紹介していただき、私と助手があいさつをする。その後、私たちの会話は一部を除いてほとんど日本語で進んだ。

「日本語がお上手ですね」と助手が言うと、

草原ホテル左手の小山の中腹にある木浦文化院（旧・日本領事館)。風水でいう「背山臨水」そのままに、木浦の街と海を見下ろす位置に立っている。

文化院から旅客船ターミナル方向に下っていく町並み。植民地時代は平地には日本人の家屋、山岸には朝鮮人の家屋と住み分けられていた。

「学生時代には、日本語しか使わなかったのだから当然でしょう。今もときどき日本語を使う機会がありますし」

植民地時代を過ごした韓国人のなかには日本語を覚えている人が多い。特に1930年代後半から1940年代に教育を受けた人は最も上手い。もちろん、それには理由がある。日中戦争によって戦時体制を強化した日本は、いわゆる「内鮮一体」を謳《うた》い、朝鮮で「皇国臣民化政策」を押し進めた。

その一環として1938年4月から学校での朝鮮語教育が段階的に廃止され、日本語が強制された。「日本人の学生との間に差別はない」という謳い文句で、すべての授業が日本語で行なわれた。大日本帝国に従順な国民をつくりあげるための基礎作業だった。日本語を使っているかどうかいつも監視され、朝鮮語を話しているのを見つかると罰せられた。

朝鮮人だけの間や家庭では朝鮮語を使ったが、学校教育は完全に日本語のみだった。だから、1938年以降に教育を受けた朝鮮人は最も日本語が上手いのだ。

長いこと使わなかったため忘れてしまったという人も少なくないが、当時よく使った日本語の単語や文章、軍歌などが記憶の奥底に残っているという人は多い。

公用語として日本語が強制されたため、朝鮮語の中にさえ日本語が深く浸透したのは無理もない。解放後、朝鮮語の中に残った日本語の痕跡は、恥ずべき植民地時代の残滓《ざんし》として浄化の対象となった。しかし、35年間も使ってきた言葉を完全に消し去るのは難しい。今も日常的に使われる韓国語のなかに、次のような日本語が残っている。

サシミ、サラ、モチ、アナゴ、ワリバシ、ヒヤシ（シヤシともいう）、マホ（魔法瓶）、クツ、クルマ、シタ、シアゲ、テモト、フキダシ、ワク、コテ、ジャブトン（座布団）、タタミ、タライ（タラ）、ハコ（部屋）、ムデポ（無鉄砲）、ワイダン（猥談）、チラシ、エリ、フカシ、ソデナシ、タンス、カバン、ジャンケンポン、メリヤス、ゴム、バケス（バケツ）、ビラ、パンク、ダンドリ（段取り）、ピカピカ……

これらの単語は今の韓国でも十分通じる。建設現場などで使われている専門用語は多くが日本語なので、最近はそれを韓国語化しようとする動きもある。

墓地の上につくられた朝鮮人居留地

「まだ幼かったけれど『私たちは大日本帝国の臣民です』で始まる皇国臣民宣誓や神社参拝には屈辱を感じたよ。10歳の子どもがそんなふうに思うくらいだから、大人たちがどんな気持ちだったかは想像できるでしょう」

朝鮮人の日本人化政策が押し進められた、まさにその時代に学校生活を送ったAさんは、当時を回想しながらこう言った。

「皇国臣民化政策」は、朝鮮人の民族意識と反抗心を押さえ込み、人的・物的資源を日中戦争に総動員するためのものだ。南次郎第七代朝鮮総督の下、「内鮮一体」「一視同仁」を謳い、「朝鮮教育領改訂」「創氏改名」「神社参拝」「皇宮遥拝」「国旗掲揚」「皇国臣民宣誓」「『君が代』斉唱」「日本語普及」「内鮮通婚」といった一連の政策が押し進められた。

「日本人と朝鮮人は同一だ」という謳い文句は、一見朝鮮人の地位を大きく押し上げてくれそうにも響くが、その本当の意図に朝鮮人が気づかないはずがない。

こうした政策は戦争遂行のために志願兵が必要になると、より強化された。皇民化政策の究極の目的であった、皇国臣民の義務としての徴兵・徴用が強いられるようになった。

多くの朝鮮の知識人が皇国化の渦の中で「同一化を通じて差別を撤廃し、権利を手に入れよう」と叫び、「内鮮一体」に同調して徴兵・徴用に賛成の立場を表明した。日本がつくった落とし穴にまんまとはまり、多くの若者が戦場に送られた。後に彼らは「親日派」という非難の声を浴びることになる。

「学校の朝礼で『君が代』を歌い、東を向いて敬礼をした後、『皇国臣民宣誓』を斉唱させられたよ。もちろん、神社参拝や軍歌斉唱はすっかり日常的になっていた。日本語を知らない人でも『皇国臣民宣誓』だけは覚えていたよ。だって、畑仕事をしている朝鮮人だって『皇国臣民宣誓』を唱えろと命じられて、できなければ酷いめにあったりしたからね」

Kさんが言う。

「名前も変えさせられたよ。私の日本名は牧山貞燮さ。名前を変えるというのは、自分のアイデンティティをなくすということでしょう」

ここで「創氏改名」を振り返ってみよう。

日本は1939年11月、「皇民化」を促すために「朝鮮民事令」を改正した。朝鮮民族固有の名前を廃止し、日本式の氏名制を強制した。そして、1940年2月から同年8月10日までに「氏（姓）」と「名」を決めて提出するよう通達を出した。だが、生まれたときから使ってきた自分の名前を変えるなどということが、すんなりできるはずがない。

「創氏」に応じない朝鮮人はさまざまな社会的制裁を受けた。子どもが学校への入学を拒否されたり、「非国民」「不逞鮮人」のレッテルを貼られて尾行されたり、まっさきに労務徴用の対象となった。食糧の配給が受けられなくなったこともある。愛国心の強い朝鮮人は最後まで創氏を拒んだが、最終的には8割が自分の名前を捨てざるをえなかった。

それでも創氏の仕方には、朝鮮人のささやかな抵抗が見られた。日本風の名前をストレートに使った者はごく少数で、たいていは自分の本貫（本籍）の地名を姓にして名前は元のままにしたり、「山川草木」「青山白水」「江原野原」（エハラノハラという音が朝鮮語で『ふざけるな』の意になる）などといった、思いつきのような名前やふざけた名前をつけた。姓を変えるなんて畜生の所行だという意味を込めて「犬子」と名乗った人もいたという。

「内鮮一体、内鮮一体と謳って、日本人と同じ教育を受けてはいても、朝鮮人差別はあった。私が初めて差別を実感したのは小学校のときだ。教室の暖炉に入れる焚き木の量が、日本人学級と朝鮮人学級で比較にならないくらい違ったんだよ……差別はいたるところにあった」

「憧れていた担任の女教師に『A君、ニンニク臭いからあっちに行きなさい』と言われたことがあって、子ども心に傷ついたことを覚えている。僕はわりと優等生で、先生に好かれていると思っていたから、なおさらだよ。今思えば、朝鮮人差別というわけではなくて、ニンニクのにおいに慣れていない日本人の普通の反応だったかもしれないが……」

「よく山に入って、戦争で燃料に使う松脂《まつやに》を採取させられた。配給された豚の飼料のようなトウモロコシのご飯を食べなきゃならなかった。日帝時代はそれは辛い日々だったよ。でも……いくら憎っくき日帝の下とはいっても、それは解放後の感覚だ。当時の僕は純粋な愛国少年だったんだ。どんな暮らしだろうと、子ども時代のことは懐かしいものだよ」

とAさんが笑う。緊張気味の日本人助手も初めて笑顔を見せた。

文化院を後にした私たちは、海沿いの日本人居留地だった場所に足を運んだ。文化院のKさんはその頃の木浦をこう振り返った。

「儒達山の露積峯《ノジョクボン》から南側は日本人の居留地だったよ。碁盤の目のように整然とした町だった。その北側、つまり露積峯の裏手には多くの朝鮮人が暮らしていて、亀の甲羅のような小さな家が密集していた」

日本文化院の眼下に広がる日本人居留地の全容を見れば、その言葉の意味がわかる。整然とした街並みは今もそのままだ。開港後、日本人居留地の中心となった「開港場の町」と呼ばれる場所である。開港後、日本の商社、雑貨屋、商店などが続々と進出し、停車場、官庁、銀行、学校、市場などがつくられて、近代的な都市としての機能を備えた町に発展した。日韓併合によってさらに多くの日本人が木浦にやって来ると、それまで朝鮮人が住んでいたエリアにまで日本人が住みつき始めた。もともと住んでいた朝鮮人たちは徐々に郊外へと追いやられた。

都市が形成されると、仕事を求めて港にやって来る朝鮮人が増えた。日本人に追い出された木浦の朝鮮人や、新たに流れ込んだ朝鮮人たちが居を構えたのは、かつて共同墓地だった儒達山の露積峯岸の北側のふもと（現在の北橋洞《プッキョドン》、南橋洞《ナムキョドン》など）であった。墓地を移転してそこに朝鮮人が住んだのだ。

自然発生的に無計画に形成された朝鮮人居住地と、瓦屋根の家並みが真っ直ぐな道路で仕切られた日本人居留地。この対照は当時の日本人と朝鮮人の境遇の違いをよく表わしている。

風情はあるが、冬は寒い日本家屋

木浦文化院に近い儒達洞、大義洞《テウィドン》、中央洞《チュンアンドン》、京洞《キョンドン》、万戸洞《マンホドン》、仲洞《チュンドン》は日本人居留地の中心であり、今も日本式の住宅や街並がたくさん残っている。当時は常盤町、本町、務安町、霞町、大和町、京町、仲町などと日本風の地名で呼ばれていた。

日本人は道路で仕切った区画を「町《まち》」と呼んだ。しかし、すべての場所を「町」と呼んだわけではない。日本人居留地や新たに開発した木浦駅前などは「町」と呼んだが、朝鮮人居留地は「洞」と名づけて区別した。

当時、日本領事館とともに日本を象徴する存在だった、東洋拓殖株式会社の建物に足を運んだ。２０００年にここを訪れたときもそうだったが、やはり工事中で巨大なシートに覆われていた。文化財に登録された建物を近代史博物館として活用するための工事である。

植民地時代の残滓を保存すべきか壊すべきか……。この建物は保存の道を選んだ、木浦を代表する近代建築物のひとつである。後期ルネサンス様式をたたえた2階建ての石造り。当時の東洋拓殖株式会社の建物の中でもひときわ立派なものであったことが知られている。

全羅道の東洋拓殖株式会社はもともと栄山浦に出張所があったが、木浦港が栄えると、１９２０年6月、当時の本町（現・中央洞）に移ってきて支店に昇格した。その後、各種産業や建物の建造に資金を融資したのをはじめ、事業を拡張していった。当初、東拓は日本人の農業移民を対象に特別に有利な事業を展開したため強い支持を受けた。一方、朝鮮の農民から見れば土地収奪の首謀者であり、抵抗運動の対象となった。

東拓の近くに、入母屋造りの2階建ての日本家屋があった。その庭園があまりに立派だったので、思わず足を止めた。しかし、いかにも日本庭園にふさわしい香木や松の木があまりに高い上、韓国特有の高い塀で建物がよく見えない。助手はどこから写真を撮っていいものやら悩んでいる。私たちの気配を感じた犬が吠えるだけで、家主は不在らしい。

隣りにも庭付き平屋建ての日本家屋があった。玄関あたりはかなり改修されているが、庭木や瓦屋根などは当時のままのように見える。

中を見てみたいとは思うものの、一般の民家である。変に訪ねて行ったら、得体の知れない押し売り扱いされるのではないか……。すると、運よく人影を発見。外出する旦那さんを見送った奥さんが家の中に入ろうとしている。面と向かって頼まれたら断れないのが韓国人だ。さっそく駆け寄って、中を見せてくれないかとお願いした。さすがに家の中は勘弁してほしいとのことだったが、庭からの写真撮影は快諾してくれた。

庭はそう広くはないが日本庭園そのものだ。かつては池があったが、手入れが大変だったため埋めてしまったという。屋根が二重になり、三角屋根の玄関が庭に突き出たシンプルなつくり。庭に面したガラス戸を覆う金属製のカバーや、その下に張られた紫色のタイルなどは韓国風だが、それ以外はおおむね和風のまま残されている。

娘の家に遊びに来たというおばあさんが
「ここに来ると庭があって、なんだかすごく落ち着くんだよ。中も見ていったらどうだい?」

と誘ってくれた。日本家屋特有の庭に面した縁側がよく磨かれている。部屋にはもちろん畳はなく、韓国式のオンドルになっていた。

「普通の韓国の家に比べるとちょっと寒いけど、不便はないよ」

とおばあさんは言う。が、娘さんは異議があるようだ。

「かなり寒いし、手入れが大変。いい値段で売れたらマンションに移りたいわ……」

日本の木造家屋は韓国のそれと比べ窓が大きく開放的だが、そのぶん冬は寒い。老朽化が進めば、すきま風も入ってくるだろう。

お礼を言って門を出る私たちを、おばあさんはずっと見送ってくれた。

周辺には、金持ちが住んだと思われる庭付きの入母屋造りの日本家屋や、ただ寝食に不自由がなければいいといった感じの簡素な造りの日本家屋、あるいは店舗と住宅が一緒になったものなど、さまざまな日本式の建物が韓国式の赤レンガの建物のあいだに残っていた。ここ木浦ではわざわざ探さなくても、日本式家屋はあちこちにある。どれほど多くの日本人がここに暮らしていたかが想像できる。

東洋拓殖株式会社の近くで見つけた日本家屋。雨戸代わりのシャッターは横開きの韓国式になっている。その下は紫色のタイルで補強されていた。

玄関の左手が縁側になっていて、冬でも昼下がりは少しあたたかいという。かつては日本人のおばあさんが猫を抱いて日向ぼっこをしたかもしれない。

桜町《さくらまち》の遊郭跡

ご多分に漏れず、木浦にも遊郭があった。今の西山洞《ソサンドン》の西山小学校がある丘のふもと一帯の「桜町《さくらまち》」と呼ばれたあたりだ。木浦文化院で会ったAさんが言っていた。

「幼い頃、父と一緒に日本人街を散歩したことがあった。日本人が経営する商店がたくさん並んでいて、子ども心におもしろかったよ。歩いている途中、父が急に私の目を覆って『見ちゃいかん』と言ったんだ。お父さんは見てもいいのに、なぜ私は見られないのか不思議に思ったものだよ。その通りが日本の色町だったんだね」

地図を見ると、色町があったとされるのは日本人街から西にやや外れた西山小学校のふもと。タクシーを降りて見回すと、高台に家々がぎっしりひしめいていた。この劣悪な住宅事情から考えるに、植民地時代、朝鮮人たちが造成した居住地と思われる。

当時、朝鮮人街では、まず家が建てられ、その後、人が歩いたところが自然に道になったという。ここも、そんなふうに無計画に広がった家並みに見える。家と家の間の路地がクモの巣のように複雑な模様を描いている。

西山小学校の正門を入り、裏門を出て坂道を下った。急な坂道を下っていくと、目の前に海に浮かぶ島が見えてきた。

木浦に来るたびに欠かしたことのない私なりのイベントがある。木浦港の近海の島々を巡る遊覧船に乗ることである。遊覧船といっても観光用の豪華な遊覧船を想像してはいけない。島の人々が利用する海上バスのような船である。船に乗って、だんだん離れていく木浦港の姿、あるいは逆に、次第に近づいてくる木浦の姿を眺めるのが私のお気に入りだ。

儒達山に抱かれている山村の姿は、まるで母の胸に抱かれる赤ちゃんのように愛しい。そして、あちこちの島に寄るたびに乗り降りする人々の姿を眺めるのも一興。家路を急ぐ人々の姿に、なんともいえぬ郷愁を感じるのだ。

港から最も近いのは高下島《コハド》。遊覧船の最初の停留場でもある。島は細長く、まるで木浦を守る屏風のような形をしている。壬辰の乱の際、李舜臣《イスンシン》将軍の要衝となったことで知られている。また、１９０４年に初めて綿花栽培に成功したことでも有名だ。植民地時代、木浦が綿花の町として知られた所以である。朝鮮での綿花栽培はここから全国に広まった。

急な坂道をほとんど下り切ったあたりで、立派な２階建ての入母屋造りの木造家屋を見つけた。周りで写真を撮っていたら、私たちの姿をずっと見ていたおばさんが教えてくれた。

「あっちの路地からのほうが庭がよく見えるよ」

確かに少し横道を入ると庭や瓦屋根などがよく見えた。広い庭には池もあり、裕福な日本人が住んでいたことをうかがわせる。平地に下りると日本家屋はますます増えてくる。やはり住みやすい場所は日本人のものだったということが、この坂道を歩くだけで実感できた。

木浦では朝鮮人と日本人の住む場所はおおむね区別されていたが、厳密なものではなかった。朝鮮人が日本人居留地に住むのは難しかったが、日本人が朝鮮人の居留地に入り込むのは簡単だ。だから、朝鮮人居住区の中でも環境のいい場所には日本人が住みつくことも少なくなかった。

暇そうなおばさんが言った。

「私の家も日本式の家だったのよ。庭もあったけど、駐車場をつくるために全部セメントを敷いてしまったよ」

その路地の右手におばさんの家があった。かなり改修を重ねており、日本風の面影を残しながらも、ほとんど韓国化していた。

「以前はこの辺にはもっと日本家屋が多かったよ。今では少なくなったけどね。あちらの下手の建物には日本の妓生が住んでいたそうよ」

意外な言葉がおばさんの口から飛び出した。韓国人が日本の妓生と言ったら、それは芸者や遊女のことを指す。日本の妓生が住んでいたということは、近くに桜町があったということだろう。西山小学校の下手というのは、このあたりを指していたのかもしれない。

おばさんが指差したのは、路地に面して建つ2階建ての古ぼけた日本家屋だった。これ以上歳月の荒波にさらさないでくださいと訴えているかのような廃れ具合がうら寂しい。

西山小学校から木浦湾を臨む。右手の日本家屋の２階部分はかつては羽目板張りだったと思われるが、今はトタンで補強されている。

上の写真の家のすぐ近くにあるくたびれた日本家屋。地元の人の話によれば、ここに“日本の妓生”が住んでいたという。

植民地時代に作られた朝鮮の都市には必ず酒場と色町があった。木浦はその最たるものだったという。料理屋、居酒屋、遊郭が立ち並び、享楽的で頽廃的な雰囲気が漂っていた。お金と人が集まる夜の港町には、あやしげな花々が咲き乱れていたのだ。

桜町の遊郭は1913年から形成された。もともと竹洞《チュクドン》にあった遊郭が盛って、ここに移転してきたのだという。

遊郭だったと思われる佇まいの建物もあったが、ほとんどが改築されて民家になっていた。お金を稼ぐために朝鮮まで渡って来なければならなかった日本女性、そして、家族を食べさせなければならなかった朝鮮の女性たち。彼女たちの暗い過去を背負っているかのようで悲しい気持ちになってしまった。

海の近くまで歩いて行くと、水揚げした魚を干している姿が見えてきた。のどかな漁村の風景は当時と変わらないのかもしれない。

庶民が守ってきた旧正月

木浦の町を歩くと、一番忙しそうにしているのが餅屋だった。旧正月に売るカレトックづくりが佳境を迎えているのだ。カレトックは直径が2センチほどの棒状の餅で、旧正月には斜めに切って「トック」という雑煮にする。屋台で売っているトッポッキ用の餅でもある。

最近は出来合いのものを買うことが多いが、私が幼い頃は、家でふやかしたうるち米をパンアッカンと呼ばれる製餅所に持って行ってカレトックにしてもらっていた。

今もお正月になると、パンアッカンの前で行列して待ったことや、帰り道にお母さんがつまみ食いを許してくれたときの味が懐かしく思い出されたりする。

ゆらゆらと揺れるカレトックの湯気を見ていた私の口がいつの間にか「あの、今つくっているカレトックを売ってくれませんか」と言っていた。店のおばさんはつくりたてのカレトックを長く切ってくれた。お金を渡そうとすると「いいから食べなさい」と言う。

日本のモチに比べると粘りは少ないが、歯ごたえがある。余計なものが入ってないため、お米の旨味が引き立つ。さらに木浦の人情まで添えられた最高の味であった。

韓国では今も旧暦（陰暦）の正月に休みをとる。普段は日本と同様、西暦を使っているが、季節の行事や誕生日などには旧暦を使うことが多い。といっても、旧正月が休みになったのは1985年から。つい最近のことだ。

韓国が西暦を使い始めたのは1896年。正月も西暦で祝うことになったものの、大部分の人々は西暦とは関係なく、旧暦で暮らしていた。1910年の日韓併合以来、日本は西暦を強要した。正月も西暦で祝わねばならず、旧正月にはパンアッカンの販売を禁止した。旧正月の後、弁当に正月用のおかずが入っていて罰を受けた学生もいたという。

だが、長く続いてきた風習はそう簡単に変えられるものではない。朝鮮人の間には「旧正月を祝うのが愛国者。西暦で祝うなんて売国行為だ」という意識もあったという。

こうして守られてきた旧正月だが、植民地統治が終わってからも1985年までは公式な休みにはならなかった。実際には旧正月を祝っているにもかかわらず、どういうわけか国は休みと認めていなかったのだ。1985年、ようやく民族の日と定められ、公式に2日間の休みになった。韓国の「ソルナル」(旧正月)は、日本や韓国政府の意図にもかかわらず、庶民がずっと守り続けてきた風習なのだ。

松島神社の跡地は今……

群山が「米の港」なら、木浦は「綿花の港」だ。

木浦の黄金時代といえる1920~1930年代、日本人居留地に近い沿岸に朝鮮綿花株式会社、南北綿業株式会社など30以上の紡績工場があった。また全羅南道の米も木浦から日本に運ばれていたため、40以上の精米所が立ち並んでいたという。現在も沿岸には当時の工場や精米所と思われる大きな建物が見られる。

「今の東明洞《トンミョンドン》には松島神社があったよ。もう何も残ってないけどね」

文化院のKさんが地図に記しをしてくれた場所に向かった。途中、植民地時代に長町市場と呼ばれた万戸市場があった。正月用品の買い出しなのか、市場を行き交うおばさんたちの手には荷物が一杯だった。さすがに海が近いだけあって新鮮な海産物が豊富に並んでいる。植民地時代に建てられたと思われる商店も所々に見られた。

神社の跡を探そうにも自力では難しそうなので、通りがかりのおじいさんに聞いてみた。

「日本の神社があったところをご存知ですか？」

「あっちに行くと七十七階段がある。そこが昔、神社があった場所だよ」

おじいさんの言葉どおり、階段があった。「七十七階段」は、かつて神社に行くための階段だったのだ。

階段の両側には、庭のない家々が隙間なく立ち並んでいた。庶民の生活感あふれる街並みだ。階段を上り切ったところにも、小さな家々が建て込んでいた。中から人の声も聞こえてくる。丘を上ったこのあたりは気温が少し低いのか、下のほうでは見られなかった氷柱が軒下にぶら下がっている。さて、神社はどこにあったのだろうか。

折良く背の低いおばあさんが、小さな戸口を開けて出てきた。

「おばあちゃん、神社はどこにあったんですか？」

「右の方に行くと、瓦の家がある。そこに神社があったんだけど、今は民家だよ」

さっそく行ってみると、確かに瓦が少し残っている程度で、ほとんど普通の民家だった。

門が閉まっているため外観しか見られない。

1910年、木浦の日本人は、松の木が多かったため松島と名づけたこのあたりを切り開き、松の木を全部切って、代わりに桜を植え、松島神社を建てたという。

引き返すと、神社の場所を教えてくれたおばあさんが腕組みして立っていた。

「おばあさん、昔からここに住んでいるのですか？」

「もう長いよ。解放されてすぐだから。日帝時代、神社があって桜がよく咲いてね。当時ここは島だったから船で渡ってきたもんだ。ここに来るためには沐浴して身を清めなきゃいけなかったんだ。神社に来るのは子ども心に恐いことだと思ったね」

ここに家が建つようになったのは解放後のこと。日本から戻ってきた朝鮮人や、田舎から出て来た人々などがここに住みついたという。

七十七階段の下を見るとパトカーが止まっていて、警官2人が階段を上がってくる。もしや私たちが不審者に見えたのではと一瞬身構えたが、なんと、このあたりに泥棒が入ったらしい。植民地時代、日本人にとって最も神聖だったこの場所も、今では泥棒が忍び込むほど俗化が進んだのだ。

東明洞に残っている77段の階段を登ると神社の跡地にたどり着く。階段の途中には「旅人宿」（安旅館）の看板が。

木浦駅近くにある「イリジャン旅人宿」。2000年に訪れたとき、2階の屋根は昔のままの瓦だったが、2003年に新調したようだ。

木浦駅と湖南線、そしてイリジャン旅館

♪雨降る湖南線、南行列車に揺れる窓の外に……

東明洞の神社跡の階段から、流行歌にも歌われた「湖南線」の終着駅である木浦駅に向かった。大田・木浦間の湖南線は、京仁《キョンイン》線と京釜《キョンブ》線に続き、1911年に着工されて1914年に開通した。

湖南線には、どうももの悲しいイメージがつきまとう。多くの流行歌の歌詞もそんなイメージを引きずっている。植民地時代には、全羅南北道の豊かな産物を木浦に吸い上げる役目をし、解放後には生活のために故郷を捨ててソウルに向かう人々の涙を運ぶ路線となった。ソウルと木浦を3時間半で結ぶKTXでは感じられない情緒だ。

駅の右手の干物市場のほうに入ると旅館街がある。そこに、周囲から浮き上がったような建物が一軒。「イリジャン旅人宿」という看板を掲げた入母屋造りの木造2階建てだ。

初めてこの旅館に出合ったのは2000年。4〜5階建てのビル型旅館の間に日本式の建物がぽつんと建っている姿はもちろん、温泉マーク付きの看板が強く印象に残った。日本の温泉町の小さな旅館のようだった。2000年当時は2階の屋根に日本の瓦がそのまま残っていたのだが、ふきかえたようだ。いったい、どんな由緒のある建物なのだろうか。

中に入っておばあさんに聞くと、建材業で儲けた片山洋行に勤めていた朝鮮人が「韓国式

住宅より見栄えがいい」と建てた和風住宅だったという。昔から旅館ではなかったのだ。すれちがうと肩がぶつかりそうな狭い廊下の両側に部屋がいくつか並んでいて、奥には2階に上る木の階段があった。ふいに、木浦に駆け落ちした高校の同級生を思い出した。お金のない若いカップルはもしかしたら、こんな安宿を利用したのではないだろうか。

この旅館の周りや漁港へ続く路地沿いには日本式の商店や住宅、それに近代風のビルがいくつか残っていた。

「駅前とはいえ、なぜこんなに小旅館が多いんですかね?」

と助手が言う。東明洞から駅にかけて民家のような小旅館が続く。駅が近いとはいえ、ずいぶん数が多い。年輩のタクシー運転手さんの話では、船乗りなどを対象にした木賃宿もあるが、売春宿も多いらしい。このあたりにも遊興街・木浦の一面が垣間見られる。

宗旨替えした東本願寺木浦別院

木浦の開港とともに、仏教やキリスト教の教団も木浦に進出してきた。東本願寺の木浦別院は1898年、日本人によって初めて立てられた仏教寺院である。

当時、木浦の日本人居留民たちは信仰よりも遊びに熱心で、布教活動ははかどらなかった。そこで、教育事業に力を入れることになった。1898年11月、東本願寺木浦別院は日本領事から木浦尋常高等小学校の設立認可を得て、僧侶一人と臨時教員を先生にして開校した。それが現在の儒達初等学校である。学校は日本人の町だった開港場の西側、すなわち港から木浦文化院に向かって左手にあった。当時の本館はなくなり、現在は１９１０年に新築されたコンクリート造りの２階建ての講堂が残されている。当時学校に通った日本人卒業生が今もここを訪れるという。確かに彼らにとっては子ども時代を過ごした思い出の場所というわけだ。

さて、東本願寺木浦別院はどこにあるのだろう。

駅前の大通りを渡ると、木浦で一番の繁華街といわれる中心地に出る。解放後、朝鮮人居住地を中心に発展したエリアである。一方、日本人居住地はその後、発展から取り残された。

そこから草原ホテルのほうに少し歩くと木浦中央教会がある。その建物を初めて見る人は、不思議な造りにきっと度肝を抜かれるはずだ。

玄関の丸屋根の天辺にある十字架を見れば教会であることは一目瞭然だが、屋根や建物の構造は多少改修されてはいるものの完全に日本の寺院なのだ。これぞ前述の東本願寺木浦別院。１９２０年代に建て直され、１９５７年に木浦中央教会が引き継いで現在に至る。

壁は木製ではなく、精巧に整えた花崗岩が使われている。玄関のドアを開けると、内部は天井の高い普通の礼拝堂だった。十字架を頂くお寺。見たことのない不思議な取り合わせだ。

韓国にはビル内にある教会も珍しくないが、いったいどういう思いで、古い寺院をそのまま教会として使い続けてきたのか謎である。

広大な庭園

木浦で迎えた2日目の朝、ソウルへの帰り支度をしていたら、携帯電話が鳴った。

「李勲東《イドンフン》庭園のご主人に許可をいただいたので、見学なさってください」

昨夜食事をした韓定食店の主人からのうれしい知らせだった。

木浦を少し知っている人にとってはお馴染みの李勲東庭園である。儒達山のふもとに建つ豪邸の庭園は3300平米にも及び、113種類もの草木が植えられているという。

中に入ってみると、外から見るよりも広く見え、個人の庭園というよりは小さな裏山といった趣だ。手入れの行き届いた庭木や池だけでなく、入母屋造りの日本風のお屋敷も高級建材を使って美しく補修されていた。長いあいだ韓国人が住んでいるため韓国化されてはいるものの、それでも庭園や屋敷の佇まいには日本の面影がにじみ出ている。

「どんな人が住んでいるのかしら……」

好奇心はわきあがってくるものの、実は個人的には、さほどそそられるものではなかった。立派なことはわかるが、どうも人工的で人の息吹が感じられなかったからだ。

このお屋敷は植民地時代に内谷万平という日本人が建て、その後1950年代に今の持ち主である李勲東氏の所有になったという。

庭園を後にして儒達山の方向に坂道を歩くと、儒達山公園入口に出る。ベンチに座って爽やかな風に吹かれながら、眼下に広がる海や木浦の街並みを眺めた。

「三鶴島《サマクド》　波沈みゆく
埠頭の新妻　濡れそぼつ裾
別れの涙か　木浦の悲しみ」

植民地時代、木浦出身の歌手・李蘭影《イナンヨン》が歌って国民的ヒット曲となった『木浦の涙』の歌詞だ。朝鮮人の多くはこの曲を聴き、国を失った恨《ハン》と鬱憤を晴らした。もの悲しいメロディに、朝鮮人たちはカタルシスを味わったのだろう。亡くなった私の母もよくこの曲を口ずさんでいた。朝鮮戦争のとき、黄海道海州《ファンヘドヘジュ》（南北分断前の北側）の両親と離れて木浦行きの避難船に乗ってきた母にとっても、木浦は涙の街であったかもしれない。もの悲しい『木浦の涙』に母は勇気づけられたようだった。「恨」があるからこそ強く生きられるのだ。

木浦中央教会（旧東本願寺木浦別院）のような和風教会は、実は奈良県奈良市の聖公会奈良教会など、日本にもいくつかある。

贅の限りを尽くした李東勲の邸宅。骨格は日本家屋だが、屋根瓦はない。右側の建物もレンガで固められているため、日本的な印象は薄い。

ここから木浦駅に向かうには、上ってきたのとは反対側に下りていくことになる。このあたりは植民地時代、主に朝鮮人が住んだエリアである。すごい坂道だった。上ってくるおじいさんが辛そうに民家の壁の前に置かれた椅子に座って休んでいた。

「ハラボジ、急坂で大変ですね」

「もう年だからね。若い頃は駆け上がったもんだが」

植民地時代には波止場で働いていたという79歳のおじいさんは手鼻をかんだ後、また坂道を上って行った。その後ろ姿は頼りなげで、寂しそうだった。

木浦のある全羅道は、はるかに溯れば百済の里だ。古代には新羅（半島の南東部、現在の慶尚道）に滅ぼされた。近代においては、木浦沖の荷衣島《ハウィド》出身の金大中《キムデジュン》が、大統領選挙で慶尚道《キョンサンド》出身の朴正熙《パクチョンヒ》に破れた。政治的には長らく陽の当たらなかった場所だ。

統一新羅時代、朝鮮時代から日本植民地時代を経て、解放から53年たった１９９８年に金大中大統領が誕生するまで、長い長い不遇の時を過ごしてきたわけだ。

そんな時代をたくましく生き抜きながら、半世紀前の姿をそのままとどめている木浦は、今も私を魅了してやまない。

二章

釜山《プサン》、鎮海《ジネ》、大邱《テグ》

釜山《プサン》

富豪と脂粉と避難民……。多くのドラマを生んだ日韓の玄関口

逃げる日本人、戻る朝鮮人

2005年の3月上旬、釜山は百年ぶりともいわれる豪雪にみまわれた。私たちが金海《キメ》空港に着いた日には止んでいたため、テレビで見た30センチ以上も降り積もった雪は嘘のように溶けていた。「雪が降ると歩きにくいけど、雪景色だったら当時の日本の姿をもっと彷彿とさせただろうに、ちょっと残念ですね」と助手は言う。

空港からタクシーで40分ほどで南浦洞《ナムポドン》の釜山観光ホテルに着いた。今回の旅の中心となる中区のどこにでもすぐ行ける便利なロケーションだ。

釜山国際フェリーターミナルが間近にあるせいか、ホテルの中で見かけるのは日本人の姿ばかりだ。観光客もいるが、釜山にすっかり慣れた様子の出張客もかなりいるようだ。今も昔も、西日本に住む日本人にとって釜山はソウルよりずっと身近な韓国の玄関口なのだ。

チェックインを済ませた後、一昨年別の取材でお会いしたチョン・ムヨン先生とホテルの

コーヒーショップでお会いした。植民地時代に日本で生まれ、20代前半まで日本で暮らして釜山に帰ってきた70代の男性。日本人なみに流暢な日本語を話す。今も日本語通訳奉仕会の会長を務め、日本語の案内板などの監修をしている。植民地時代の生活圏は東京と埼玉だった。高校卒業後、終戦の数カ月前に釜山に来たという。

「1945年春の釜山では、敗戦の気配なんてまるで感じられなかったよ」とチョン先生。

「8月15日以降、釜山の日本人はどうなったんですか？」

「一生ここで暮らそうと思っていただろうに、持ち家や土地、工場や会社を捨てて帰らなければならなくなった。いち早く敗戦の気配を察して、土地や家を安く朝鮮人に売り払った人も一部だがいたよ。釜山に住んでいた日本人だけでなく、満州など大陸各地にいた日本人が大挙して押し寄せてきて釜山は大混乱だった」

当時の経緯を少し振り返ってみよう。

1945年8月15日、日本の無条件降伏は朝鮮人には興奮と感激を、朝鮮にいる日本人には大きな衝撃を与えた。あまりの衝撃に自殺する日本人がいれば、蓄えた財産を二束三文で売り払って当座の現金を手に入れようとする者もいた。

同年10月、米軍管理下の釜山港に集まった日本人たちは釜関連絡船に乗って日本に帰るよう指示された。しかし、連絡船には身の回りの品と食料、そして医療品しか持ち込めないいため、密航船で日本に渡った日本人も少なくなかったという。

釜山一の富豪・迫間《はざま》房太郎一族は10隻以上の船に貴重品や穀物を積んで日本に帰った。巨《コ》済《ジェ》島《ド》を拠点に財を成した香椎《かしい》源太郎も文化財や骨董品をたんまり密航船で持ち帰ったという。

釜山港に集まったのは帰国する日本人だけではない。帰還同胞、つまり海外から帰国した朝鮮人たちも集まっていた。

当時、朝鮮では日本銀行券と朝鮮銀行券がともに流通していたが、帰国する日本人にとっては日本銀行券のほうが役に立つ。そこで、朝鮮人が日本から持ち帰った日本のお金と両替したりした。

日本人の帰還は1946年の春まで続いた。植民地支配に対して恨みを抱く朝鮮人との間で衝突が起こりそうなものだが、意外にも落ち着いた様子で日本人を送り出したという。一瞬のうちに負け組となった日本人の姿が哀れだったということもあるが、一日も早く追い出したいという思惑や、日本からの帰還同胞の安全を懸念しての配慮もあったという。

「先生、釜山の日本家屋もだいぶ少なくなったんでしょうね」

「そうだね。以前は釜山市内、東光洞《トングァンドン》や光復洞《クァンボクドン》などでも日本風の建物があちこちで目に付いたものだが、今はそれほど残ってはいない。でも、宝水洞《ポスドン》、富平洞《プピョンドン》、富民洞《プミンドン》あたりには多少は残っているかもね。まずは釜山近代歴史館に行ってみよう」

日本とアメリカの風に吹かれた近代歴史館

大庁路《テチョンノ》沿いにある釜山近代歴史館の建物は植民地時代の1929年に建てられたものだ。洋風のシンプルな3階建てコンクリート建築である。外壁の1階と2階の間にあしらわれた模様が、単調な建物の雰囲気を和らげてくれる。建物の周りに植えられた木々の緑が白い建物とよく調和していた。全体によく整備されている感じだ。

この建物は朝鮮半島収奪の象徴である東洋拓殖株式会社の釜山支店だった。ソウルに本社を置いた東拓は各地に支店を設けたが、そのうち現在も建物が残っているのは釜山支店と木浦支店だけである。

とはいえ、実はこの建物は韓国人の記憶の中では別の印象と強く結びついている。激しい反米デモの舞台となった米国文化院である。

1949年以降、1999年に韓国政府に返還されるまで、この建物は米国文化院として使われていた。朝鮮戦争(1950~1953年)の間は米国大使館だったし、1984年以降は2階に領事館が開設されたりもした。

1982年3月、反米学生運動による放火事件や占拠事件などが起こり、米国文化院は一気に注目を集めた。この事件は80年代の反米運動の発端となり、米韓の歪《ゆが》んだ関係を一般の人々に知らしめるきっかけにもなった。

日本とアメリカという異国の風に吹かれたこの建物が、釜山の近現代史を伝える釜山近代歴史館に生まれ変わったのは２００３年７月のことだ。

残念ながら、この日は休館日。明日の再訪を職員に告げ、歴史館を後にした。

先生が次に案内してくれたのは、植民地時代に慶尚南《キョンサンナム》道《ド》庁として使われた建物。２００２年に東亜大学が買い受け、富民洞キャンパス内にある。現在、博物館として生まれ変わるべく改修工事中で、すっかり工事現場といった趣だ。それでも、映画などによく登場するだけあって、左右対称の赤レンガ造りの風情ある美しい建物だということはよくわかった。

植民地時代の１９２５年、釜山が発展するにともなって、晋州《チンジュ》にあった慶尚南道庁が釜山に移されてきた。朝鮮戦争時代の１９５０年８月〜10月、１９５１年１月〜１９５３年８月に釜山が臨時首都になったあいだは臨時首都政府庁舎となっていたのを除くと、解放以後１９８３年までずっと慶尚南道庁として使われていた。その後は、釜山地方法院、釜山地方検察庁本館となり、２００２年に東亜大学に売却されて現在に至る。

「道庁前の大通りを渡ると、日本家屋が残っているかもしれないよ」

とチョン先生が教えてくれた。

宝水洞の日本家屋は生活感たっぷり

先生にお礼を述べて別れ、言われた通り大通りを渡ってみると、そのあたりは一見普通の住宅地に見えた。しかし、ちょっと目を凝らして見ると、かなり改修されてはいるものの、あきらかに日本風の建物が多いのがわかる。

コーラの瓶を入れる箱を店先に盛大に積み上げているのは、入母屋造りの2階建てを改築した雑貨屋だ。お店の人に聞いてみると、やはりもともとは日本家屋だったという。レンガや鮮やかなペンキで塗り直されたりして変身ぶりが激しいものの、周囲に新しい建物が並ぶなかで、よくぞ生き残ったものだと感心させられる。

通り沿いは店の看板がかけられたりして大きく姿を変えている家が多いが、裏道にちょっと入ると、日本の下町で見られるような建物がひっそりと残っていた。家の前には寂しさを紛らわせようとするかのように、大小の植木鉢が並んでいる。

「日本の下町でも、こうやって賑やかしに植木鉢を置いたりするんですよ」

と助手が言う。

庶民的な住宅街といっても、ところどころに商店や旅館などがあり、閑静とは言いがたい。男女のグループが刺身屋に入っていった。看板がなければ普通の日本の民家である。

通り沿いの駐車場の前で日本家屋の写真を撮っていると、駐車場の管理人が近づいてきた。

何か文句を言われるのかと思ったら、穏やかな口調で話しかけてきた。

「私も日本生まれで、解放後、家族と釜山に戻ってきたんですよ」

やはり、釜山には日本からの帰還同胞がたくさん住んでいるようだ。

帰国船で朝鮮に帰ってきた帰還同胞の中には、出稼ぎに行った人、徴用、徴兵、学兵で行った男性、従軍慰安婦として連れて行かれた若い女性などがいた。300万人にのぼるといわれる帰還同胞のうち、帰る所がない人々は釜山にバラックを建てて定住した。管理人のおじさんに当時のこのあたりの様子を尋ねてみた。

「植民地時代は、日本式の高級料亭が多かったですよ。今はほとんどありませんが。昔のような賑やかさはもうすっかりなくなりましたね」

高級料亭があったということは、遊興街だったということなのか。確かなことはわからないが、その可能性はなきにしもあらずだろう。

宝水洞の名物は「古本通り」だ。解放後、日本人が残した本を売り払ったのが始まりだといわれている。朝鮮戦争のときには、米軍から流れてくる雑誌や古本、あるいは避難民が持って来た本を売ったことで、さらに有名になった。避難してきた教師や学生が本を少しでも安く買うために、あるいは作家や文学者が本を探しに訪れたのだろう。今では数は減り、かろうじて残った数十軒の古本屋が「古本通り」の命脈をつないでいる。

蔵のある屋敷に潜入

宝水洞の大通り（大庁路）を渡ると富平洞。ここにも日本風の建物がかなり残っていた。ちょっと離れた所にいた助手が色めきたった様子で私を呼ぶ。

「これ見てくださいよ！　すごいでしょ？　ほとんど改築してないみたいです」

高いアパートのすぐ手前に、一見して立派なお屋敷だとわかる入母屋造りの日本家屋が堂々と佇んでいた。直線とカーブがよく調和した瓦、ていねいに手入れされた庭木たち、そして、かつての持ち主の財力を誇示するかのような蔵、日本式の門など……まるで日本の田舎のお金持ちのお屋敷の前に立っているようだった。

日本家屋が残っているといっても、近代化に乗り遅れ気味の木浦や群山とは違う。ここは大都市として発展してきた釜山なのだ。ここまで保存状態のいい建物があるとは期待してなかったため、驚きもひとしおだ。

どんな人が住んでいるのだろうか。

好奇心が抑えられない。釜山には日本人が多いから、もしかしたら日本人が住んでいるのかもしれない。韓国人だとすると、いったいどんなきっかけでこの家に住むようになったのだろう。しかも、あえて外観を保ったまま住んでいるのはなぜだろう。

助手は向かいのアパートの2階に上って、この家の外観を撮影しようとしたものの、なかなか適当な撮影スポットが見つからない。ついに「お願いして、中に入れてもらおう」と結論し、インターホンを押した。きちんと取材の理由を伝え、ていねいにお願いした。

「お話はよくわかりましたが、ここは個人の家です。尋ねて来る方は一人や二人ではないんですよ。すみませんが、私たちのプライバシーも尊重してください」

にもかかわらず、私はしつこく繰り返し頼み込んだ。これ以上やったら怒らせてしまうんじゃないかと思ったが、それほど中が見てみたいという気持ちに駆り立てられていたのだ。

インターホンの声が途絶えた。万事休す。やはりダメなようだ。

相手の立場になってみれば、断られても無理もないとは思う。しかし、せっかく縁あって出会えたのに、ちょっと残念だった。助手があきらめ顔で「失礼かもしれないけど、外から撮れるだけ撮って帰りましょう」と言って門に背を向けた瞬間、門の開く音がした。

「どうぞ、お入りください。庭のほうの写真だけですよ」

奥さんが直接、門まで迎えに出てきてくれた。私の執念が功を奏したらしい。

門を入ると、玄関までの小道に砂利が敷き詰めてあった。両側に棕櫚《しゅろ》の木が植えてあるのが妙にエキゾチックだが、全体としては、香木や庭石などがバランスよく配された広々とした日本庭園だった。敷石の左側には日本旅館などでよく見られる和風のかわいらしい木の門があった。昔からそこにあるものだという。左側には外から見えた2階建ての蔵がそびえる。

粘りに粘って、やっとおじゃますることができた富平洞のお屋敷。十分な手入れをして維持しているので、建物や庭の美しさがそのまま残っている。

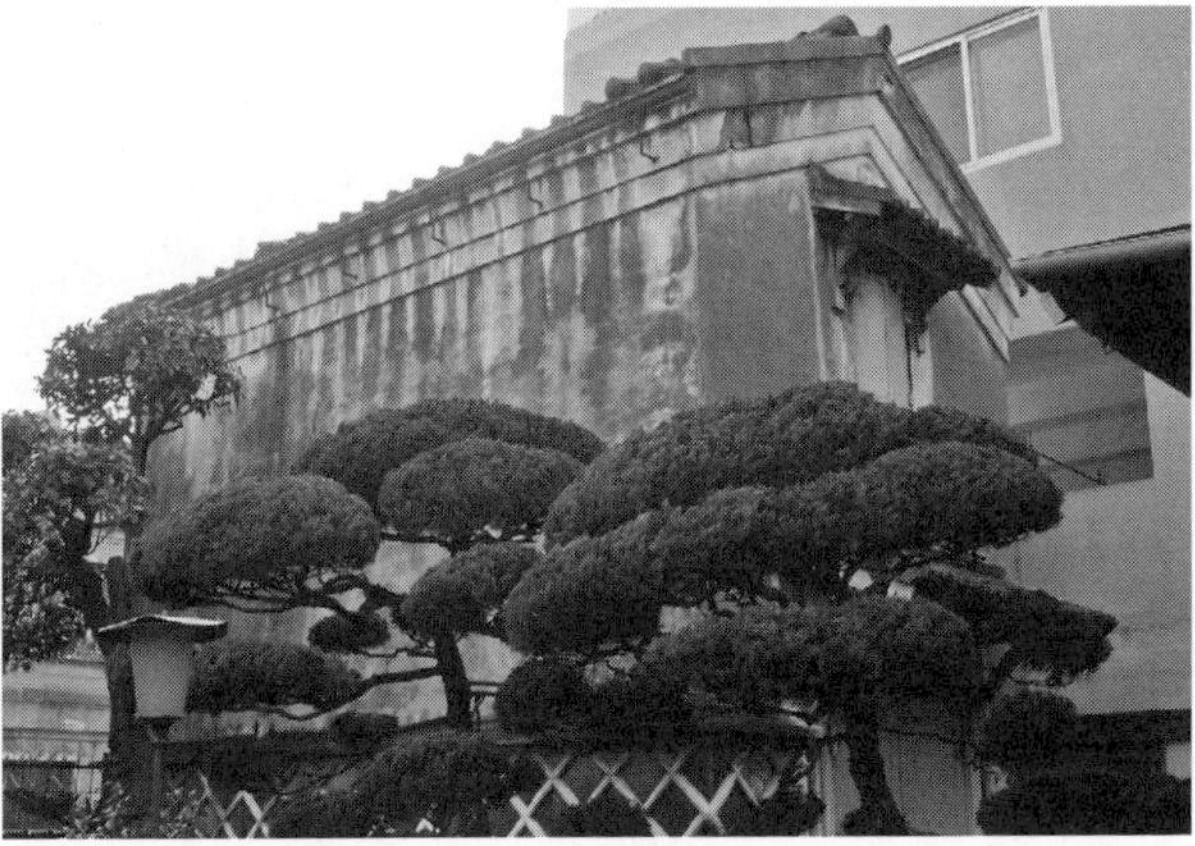

上の屋敷の庭にある蔵も昔のまま。今も物置に使っているというおばあさんは、日本語で「クラ」と呼ぶことも覚えていた。

「蔵の中はけっこう広くて、いろいろなものを置いてるんですよ。火事になっても燃えないといいますからね」

奥さんの声はインターホン越しとは打って変わって優しかった。

日本家屋とはいえ洋風なテイストも混ざっている。二重の屋根や縁側のガラス戸などは和風だが、玄関前の門柱などは洋風だ。あれこれ見回していると、ガラス戸を開けてこちらを見ていたおばあさんと目が合った。ご主人のお母さんである。

「おばあさん、ここに住んでもう長いんですか？」

「ここは敵産《チョクサン》家屋の払い下げだからね、もうずいぶん古いでしょう……釜山の中心地で着物を商っていた日本人が、ご両親のために建てたそうですよ。手入れに多少手間はかかるけど、まあ満足してるよ。ちょっと寒いから冬になると燃料費がかさむけれどね」

敵産家屋とは、植民地時代に日本人がもっていた家屋のこと。解放後、米軍の管理下で韓国人に払い下げられた。

木浦の項でもふれたが、日本家屋に住む韓国人はたいてい「冬はちょっと寒い」と言う。韓国の家は冬の寒さに備えて建てられるが、日本の家は夏の暑さをしのぐことに重点がおかれているようだ。解放後に日本家屋に住むことになった朝鮮人がまず手をつけたのは、畳部屋をオンドルにすることだったという。しかし、もともと風通しのよさを重視して建てられ

L 字形の縁側が庭を包み込むような富平洞のお屋敷。ガラス戸や障子は戦後新調したと思われるが、控えめなデザインのものが選ばれている。

青磁と白磁の壺が迎えてくれる玄関。床はピカピカに磨かれている。窓を開けると裏庭の景色が丸く切り取られる。

ているため、オンドルにしてもなお冬は寒いようだ。逆に夏は涼しい。

「せっかくだから中も見ていったら？」

優しいおばあさんのおかげで、私たちはめでたく中に入ることができた。

玄関を入るとすぐ床の間が見えた。

繊細な木の飾りがほどこされた丸窓が美しい。棚には生け花と青磁、白磁が飾られていた。縁側の廊下は長い時間がたっているにもかかわらず、家人の手入れのよさのおかげだろう、美しく光を放っていた。廊下からはガラス窓越しに庭園が一望できる。縁側の奥は障子貼りの引き戸になっている。

「お風呂やトイレも昔のまんまだよ」

おばあさんはドアを開けて見せてくれた。

トイレの木製のドアが2つ並び、タイル貼りの小さな風呂釜があった。かなりきれいなお風呂だったに違いない。陽射しを採り入れる大きな丸窓もあった。

「すごい！」

助手が感嘆のため息をついた。

韓国では「トイレと嫁の部屋は母屋から遠いほどいい」といわれるほど、伝統家屋では母屋とトイレが離れている。しかし、植民地時代、トイレや風呂を建物の中に置く日本式住宅が普及したため、特に上流階級の韓国式家屋で同様の造りが採り入れられるようになった。60年もの時を経た建物を、こんなにきれいに使っているとは。

日本式とか韓国式とかいう問題ではなく、家を愛していなければできないことだろう。植民地時代に女学校に通ったというおばぁさんの品格がそのまま表れているのかもしれない。

「最近このあたりは変化が激しくてね。周りにマンションやら何やら高い建物がどんどん建つから、目隠しのための外塀をどんどん高くしなければならなくてね」

おばあさんは言った。周りの変化に流されず、昔の姿を保存していくのはそれほど簡単なことではなさそうだ。

おばあさんとお嫁さんは私たちを門の前まで送ってくれた。名前を聞くと、本名ではなく日本名「岩村広子」を教えてくれた。

2人と別れた後、助手が正直な気持ちを口にした。

「植民地支配はいまいましくても、日本の建物に対してはその良さを理解して愛してくれているというのは、何か救われたような気持ちになりますね」

富平洞周辺をぶらぶら歩いていると、だんだん暗くなってきた。ここで私たちは哀しくもおもしろいものを発見した。それは日本家屋と古タイヤの友好的な関係だ。

日本家屋といえば、もともと瓦屋根である。ところが当地では、黒いシートで覆い、上から古タイヤで重しをしたような屋根が至るところに見られるのだ。長い間、風雨にさらされて痛んだ屋根に新しく瓦を載せるゆとりがないため、黒いシートと古タイヤが使われているのだろうと思ったが、それだけが理由というわけでもなさそうだ。

「屋根に保温性のいい毛布をかぶせて、その上を黒いシートで覆ってタイヤを載せたんですよ。こうすると暖かくていいんですよ」

日本式の建物で、お店をやっているおじさんがそう言った。

とはいえ、こうした応急措置を施された建物のほとんどは相当のくたびれようで、まもなく天寿を全うしそうに見えた。次にここに来たときには、おそらくこのなかの何軒かは新しい姿に生まれ変わっていることだろう。

富平洞は植民地時代、市場とかかわりの深い場所だった。

日本人は穀物や綿花、牛皮などの原材料を安く買い入れ、工業製品を高く売るために釜山に公設市場を拡大していった。1910年に釜山で初めて開かれた公設市場「富平町市場」は、今も「富平洞市場」として残っている。日本人と朝鮮人の共同市場で、朝鮮人は穀物を、日本人は菓子や砂糖、化粧品、靴下、履物、洋服などの工業製品を売ったという。

富平町市場には「白風街」と呼ばれる場所があった。白い服を着た人たち、つまり朝鮮人が日本製品を買うために集まったため、この名がついたという。

富平洞市場から東側に歩いて大路を渡ると、国際市場である。いつも賑わっていた場所のはずだが、やはり不景気のせいか以前ほどの活気は感じられない。表通りはともかく、裏道に入ると、いかにも暇そうなお店ばかりだった。

歩き回ってお腹が空いたため、ソウルの屋台でも有名な「釜山おでん」で小腹を満たした。隣の屋台では3人組の娘さんがホットックを食べている。屋台のおじさんは若い娘さんたちに目尻を下げて、ひとつおまけしてあげていた。

国際市場は解放以後、朝鮮に帰ってきた帰還同胞らが生活の糧を得るために露店を出したのが始まりだという。その後、朝鮮戦争の際には押し寄せた避難民たちでさらに賑わいを増し、光復洞や南浦洞といった都心の商店街とともに流通の中枢的な役割を担うようになった。

「本町」と呼ばれた東光洞の倭館《ウエグアン》

翌朝、ホテルの近所でお粥を食べた。店員と私以外は全員が日本人だ。

しかし、この風景、植民地時代には不思議ではなかったかもしれない。このあたりの東《トン》光洞《クァンドン》は光復洞と並ぶ日本人の居住地で「本町」と呼ばれていたのだ。

東光洞という地名の由来には諸説がある。

東に面していて東海（日本海）から昇る朝日を一番に受けて明るくなる美しい場所という意味で、解放後に東光洞と名づけられたという説が一つ。

もう一つは「倭館《ウェグァン》」の東館があったため、当初「東館洞《トンクァンドン》」と呼ばれたものが東光洞になったという説だ。東光洞だけでなく、中区にある「大庁洞《テチョンドン》」「大庁路」なども「倭館」と関連のある地名とされている。

さて、「倭館」とはいったい何だろうか。

朝鮮人は日本人のことを「倭人」と呼んだ。倭館とは、もともと日本人が交易を許されていた区域のこと。もちろん、植民地時代以前の話だ。

1678年、朝鮮政府は現在の釜山の大庁洞、光復洞、東光洞など龍頭山《ヨンドゥサン》付近に約11万坪の「草梁倭館《チョリャンウェグァン》」を設けた。今のように海が埋め立てられる以前、龍頭山周辺の急な斜面には誰も住んでいなかった。岸壁を削って「倭館」を設けたのは、日本人の行動を制限し、国家機密が漏れるのを防ぐという国防上の理由や、朝鮮人との接触を避ける意図もあった。

一種の貿易特区である「倭館」では、中国の絹や生糸、朝鮮の高麗人参、日本の銀が主に取り引きされ、一時は1000人にも及ぶ日本人が住むほど栄えたという。正式な貿易以外に密貿易も盛んだったため、役人たちが取引の監視をした。「倭館」のエリア内には、両国の軍人たちが厳しく管理した「守門《スムン》」、日本人たちが泊まった宿泊所、日本人の責任者がい

ど《ガ》があった。「開市大庁《ケシデチョン》」な

た「館守屋《クァンスオク》」、密売人を処罰する「裁判大庁《チェバンデチョン》」、実際の取引が行なわれた「開市大庁《ケシデチョン》」な

どがあった。

「草梁倭館」は、1876年に江華島条約が締結されて閉鎖されるまで198年間も続いた。1876年、釜山が他の港に先がけて開港したのも、従来から「倭館」を通じて日本人との交易があり抵抗感がなかったという理由があったのだ。開港後、草梁倭館のあった場所はそのまま日本租界となり、植民地時代には「本町」などと呼ばれ、日本人居留地の中心として発展していった。釜山と日本との関係は意外に長いのだ。

草梁倭館から日本租界となった東光洞には多くの日本人が住んでいたため、今もその名残りをとどめた日本風の建物が目につく。そして今も多い日本語の看板が、日本人との関わりの深さを物語る。昨日の宝水洞や富平洞とはまったく違った商業地としての雰囲気が強い。

東光洞とともに植民地時代に釜山の中心地だった光復洞は、日本人が最も多く住んで栄えた場所だった。解放後の洞名改称の際、朝鮮の光復（植民地支配から脱し、光が戻ってきたという意味）を称える意味で「光復洞」と名付けられた。

東光洞から光復路に向かい、左手に抜けて「チャガルチ市場」を目指した。

チャガルチ市場は釜山の庶民の生活を支える市場だ。したたかなチャガルチアズメ（チャ

ガルチ市場で商売をするおばさん）の力強い声があふれる活気に満ちた場所である。「チャガルチ」の名は、砂利（チャガル）が多い海岸から始まったからという説と、当時、主に取引されていたチャガルチという魚の名前を付けたのだという説があり、どちらかというと後者のほうが有力なようだ。

チャガルチ市場には何度も来たことがあるが、今回注意して見てみて、初めて日本風の家屋がたくさん残っていることを知った。

市場の東端にある「チャガルチ乾魚物卸売り市場」のあたりはほとんどが木造2階建ての日本家屋だった。もちろん屋根の上の古タイヤや、色鮮やかなペイントでかなりアレンジされてはいる。すぐにでも倒れそうな建物ばかりだが、店舗や倉庫、あるいは商人たちの生活の場として立派に役割を果たしているようだ。店先に拡げられた干物も、雑然とした建物の雰囲気とよく似合う。セメント造りの壁に丸窓がついた和洋折衷の建物もあった。もし、ハングルの看板がなければ、ここが釜山の有名な市場の一角だとは気づかないだろう。

この街並みの魅力は、日本でも上映された映画『友へ　チング』で味わうことができる。4人の友人が制服姿で競走をした印象的なシーンの舞台がここである。あらためて映画を見直してみると、このあたりの雰囲気がよく活かされたシーンであることに感心させられた。

チャガルチ乾魚物卸売り市場のすぐ隣には、釜山名物「影島《ヨンド》大橋《テギョ》」がある。多くの人々が影島大橋の歩道を渡っていた。やはり海が近いせいか、橋の上に立つと風が強い。周囲を見渡すと、海と山、両方を備えた釜山の姿が実感できる。大小の船が海に浮かぶ一方、山際まで隙間なく建物が並ぶ様こそまさに釜山。やや離れた所に釜山大橋も望める。

子どもの頃、「私はどこで生まれたの?」と問う私に、父がよく冗談で「おまえはね、釜山の影島大橋の下で拾ってきたんだよ」と答えていた。

本気にして泣いてしまったこともある。影島大橋の名はそうやって覚えたものだが、これは私だけの体験ではない。釜山では子どもの頃、同じような話を聞いた人は少なくないようだ。「釜山人が一番多く生まれたのは影島だ」という話もあるくらいだから。

植民地時代、釜山に住みついた日本人の多くは内陸の龍頭山に住みついたため、この地域に人口が集中した。増えすぎたために周辺に散らばっていった先のひとつが影島だった。影島の人口が増え(当時6万人)、唯一の交通手段である渡し船では不便になったため、1931年3月から1934年11月まで3年がかりで完成させたのが影島大橋だった。朝鮮初の「連陸橋」であり、東京の隅田川の勝鬨橋《かちどき》(昭和45年まで開閉)のように橋の真ん中が持ち上がる「跳開橋」だ。1000トン級の船も通れるようになっていた。難工事で多くの朝鮮人や中国人が命を落とし、夜になると幽霊が出るという噂も広まっていたという。

橋の開通式には、空に向かって跳ね上がる不思議な橋を見るために、釜山だけでなく近隣の金海《キメ》や密陽《ミリャン》などから6万人の見物人が集まったという。

1日6回ずつ開閉する「動く魔法の橋」は、釜山の発展を象徴する名所になったのだ。しかし、釜山市民にとって、この橋は悲しい思い出とも結びついている。植民地時代には、日本による収奪に苦しんだ朝鮮人が、朝鮮戦争時代には生活苦に追い込まれた避難民らがこの橋から飛び込み自殺をして人々の涙を誘った。自殺者が相次いだため「ちょっと待て」という立て札まで立ち、警察官が監視した時期もあったという。

「魔法の橋」は水道管の連結と交通量の増加のため、1966年以来、羽根を折った姿のまま動くことなく現在に至っている。

最近、影島大橋を撤去すべきか保存すべきかという論争があった。釜山市民たちと苦楽をともにしてきた象徴的な橋という点が考慮され、やはり保存されることになった。


チャガルチ乾魚物卸売市場から見て影島大橋の右手に、橋のたもとに向かう階段がある。その階段沿いに立つスレート屋根の2階建ての建物も日本風に見える。よく見ると、昔ながらの占い屋だった。ペンキがはげかけたガラスには「○○哲学館《チョラックアン》」という文字があちこちにあった。韓国では占い屋をよく「哲学館」と名づける。

インターネット占いや占いカフェなどが主流の昨今から見れば、いかにも時代遅れの占い屋で、何十年も前の風景を見ているようだ。橋のたもとに向かうこの階段は、映画の撮影地としてよく使われる。『友へ　チング』でユ・オソン扮する麻薬中毒の主人公の奥さんと、主人公の同窓生がこの階段に座って話すシーンがあった。

階段を下りて右に曲がると、その建物の1階が見え、本来の2階建ての姿が現れた。1階もやはり占い屋であった。つまり2階建ての建物の中に小さな占い屋がいくつも集まっているわけだ。お世辞にも上手とはいえない赤い文字で書かれた看板が意外とかわいらしく、なんだか親しみがわいた。占い師のおじいさんやおばさんたちは暇そうに野菜の整理などをしていた。なぜ、こんなに占い屋が集まっているのだろう。

朝鮮戦争時代、影島大橋は多くの避難民たちの再会の場となっていた。この橋を行ったり来たりしているうちに、偶然故郷の人々に会えて、別れた家族の話が聞けたりしたことがあったという。避難民たちは「親戚に会えるかも」「親戚の情報が聞けるかも」「故郷に帰れるかも」という期待を胸にこの橋に集まるようになった。

そんなとき、先の見えない彼らの身の上話を聞いてくれたのが占い師たち。自然発生的に橋のたもとに占い屋が栄えるようになったらしいのだ。

なんと、韓国における占い屋という商売は、ここから全国に広まったという。

長屋式に伸びている建物に沿って右手に曲がると、道はチャガルチ乾魚物市場のほうにつながっている。何軒か素朴な食堂があり、焼き魚のにおいが私の胃袋を刺激した。

海側にある小さな屋台では、粗塩をかけた焼き魚で真っ昼間からマッコルリをひっかけるおじいさんの姿があった。もしかしたら北に家族を置いてきた「失郷民」が、影島大橋にひとときの安らぎを求めてやって来たのではないだろうか……。

タワーから望む植民地時代の残滓

メインストリートである光復路から龍頭山公園にエスカレーターで上った。楽なのは確かだが、やはり歩いて登ったほうが達成感は得られるかもしれない。

エスカレーターを下りた右手に草梁倭館にちなんだ碑石がある。隣の階段を上ると、壬辰の乱の際、日本軍を退けて国を守った李舜臣将軍の銅像や八角亭、花時計、そして釜山のランドマークである釜山タワーなどがはっきりと見えた。4～5人で集まって暇つぶしをしているらしきおじいさんたち、鳩にエサをやっている子どもたち、観光バスでやって来た日本人観光客などで賑やかだ。

日本人は1898年、龍頭山の山頂に天照大神を祠る龍頭神社を建て、1936年には龍尾山を削って釜山府庁舎を建てた。解放後、神社は撤去され、釜山府庁舎は釜山市庁として使われていたが、1998年に市庁が移転した後、「日帝の残滓」とされて撤去された。

影島大橋の隣りにあたるその場所では現在、107階建ての超高層ビル・釜山ロッテワールド2が2009年完成の予定で建築中である。

「将軍が見ているのは日本の方角ですね」

李舜臣将軍の銅像を見た助手が言った。

「そうですね。日本に睨みをきかせてるんですよ。恐いでしょ?」

「いやいや、韓国のあちこちにいる将軍様のおかげで、いつも自分の故郷がどちらの方角かわかるから、ありがたいですよ」

高速エレベーターでタワーを上る。展望フロアは1900年代の釜山の写真が掲げられていて現在の姿と比較できるというシャレた趣向だ。

釜山港など龍頭山公園周辺を中心に発展している釜山市街地が一望できる。昨日寄った近代歴史博物館も、先ほど見た影島大橋も。後で訪ねる予定の黄色い釜山気象庁も目に入った。

「あそこに瓦屋根が見えますね。もしかして、日本の建物じゃないですか」

助手が目ざとく見つけた。確かに釜山気象庁の下手に、ちょっとした規模の日本風の屋根の建物が見える。下りてから訪ねてみよう。

釜山タワーは、ソウルタワーや日本の東京タワーと似たような存在だ。田舎からの観光客が行くところだというイメージが強く、あえて避ける人もいる。

しかし、釜山を訪ねる人なら、一度は寄ってみてほしい。足は少々震えるが、釜山の色々な表情を見渡すことができる。今回見ることはできなかったが、夜景も美しいことだろう。

船の形をした気象庁

釜山タワーを下り、上ってきたのとは反対の側、釜山近代歴史館のある大庁洞の方に下る。釜山近代歴史館に立ち寄って関係者から参考資料をいただき、展示室を一巡りした。2階には、釜山の開港の模様や日本による収奪の実態、近代の釜山の姿などが再現されていた。だが、当時の生活史よりも日本による経済的な収奪の歴史に重点が置かれているため、私にとっては少々物足りない気もした。歴史館の関係者は、当時の釜山をもっと多角的に知りたいのなら釜山博物館の近代展示室のほうがいいと勧めてくれた。

釜山近代歴史館は、近代史を中心にした歴史館としては韓国初。日本が残した建物を歴史館として利用しようという点で群山や木浦に先がけた事例になりそうだ。

釜山近代歴史館の前の大通り大庁路を渡り、釜山タワーから見つけた釜山気象庁、そして瓦屋根の建物を探すために横道に入った。釜山気象庁は住宅が建て込んでいる伏兵山《ポビョンサン》という山の頂上にあるため、坂道を上らねばならない。

伏兵山という名は「伏兵幕《ポビョンマク》」が設けられていたことに由来する。

「伏兵幕」とは、草梁倭館の日本人の乱暴や密貿易などを取り締まるために兵士を張りこませた施設だ。にもかかわらず、一部の日本人は朝鮮人の居住地に入り込み、秘かに商売をしたり、女性に乱暴をしたりしたという。当然、朝鮮人との関係は険悪になり、喧嘩も絶えなかったという。

だが、ある事件をきっかけに、日本人と朝鮮人の関係は好転した。釜山の郷土史学者チェ・ヘグンさんは、その事件について、次のように語っている。

「朝鮮時代、今の影島には、国有の馬を育てる絶影島《チョルヨンド》という馬場があったという。島であるため、放牧しても馬が逃げる心配がなかったからだ。ある日、育てた馬をソウルに運ぶため、倭館の近く住む若い朝鮮人が船にのせて海を渡っていた。そのとき、船が転覆してしまった。それを見ていた倭館の日本人はすぐに駆けつけて朝鮮人と馬を助けてくれた。当時、倭館の日本人は海の仕事に慣れた対馬出身者が多かった。以来、倭館の日本人に対するイメージは好転し、石で殴り合いをするような喧嘩はなくなったという」

話を釜山気象庁に戻そう。

1904年、日本が拠点を置いた釜山、仁川、木浦に気象専門機関が設けられ、体系的な気象観測業務などが行なわれるようになった。1905年には今の釜山気象庁の場所に庁舎が建てられた。現在の建物は1934年に建てられたものだ。黄色い3階建てのこの建物は、港町・釜山にふさわしく船の形をしている。最上階の屋根は、船のブリッジをイメージしたものだという。現在は文化財として保存されている。

釜山気象庁から下る途中に、例の瓦屋根の住宅が見つかった。やはり植民地時代の建物で、現在は韓国の寺院の附属施設となっている。それ以外にも、新しい住宅に混じって所々に日本家屋が見られ、蔵をもつお屋敷も堂々たる佇まいのまま残されていた。

玩月洞《ワノルドン》の遊郭跡とテキサス村

日本人租界のあちこちにあった「特別料理屋（料亭）」が集まった「遊郭」ができたのは1902年、釜山が初めだった。当時の遊郭は日本人居住地から離れた今の富平洞の富平市場の近くにあったという。しかし、日本人の人口が増えるにつれ民家が建つようになり、風紀上の問題も生じた。遊郭もますます繁盛したため、別の場所に移転する必要がでてきた。そこで、1911年、当時の玩月洞に遊郭が移されたのだ。

当時、玩月洞《ワノルドン》周辺は人家などない険しい山岸だったが、遊郭ができて「緑町《みどりまち》」と呼ばれる町ができあがった。解放後、緑町は玩月洞となり、引き続き売春が行なわれる「集娼村」

お登りさんの観光地というイメージがあるが、釜山の全体像をつかむのに便利な釜山タワー。正面の影島につながる右の橋が影島大橋、左が釜山大橋。

釜山タワーから望遠でとらえた気象庁。屋上が船のデッキのようで、右方向に進んで行くように見える。

のある町となった。1980年代には2000人を超す娼婦がいたという。

玩月洞を訪ねるため、釜山気象庁下の大庁路でタクシーを拾った。西のほうに向かいながらタクシーの運転手は「玩月洞のどのあたりですか?」と尋ねる。

「昔、遊郭があったあたりにお願いします」

だが、運転手は遊郭の意味がわからないようだった。さらに直接的な表現で聞いてみる。

「集娼村がある所ですよ」

運転手は右手の坂道を上がっていき、「ここですよ」と車を止めた。お金を払う私を眺める顔が怪訝そうだ。こんなところに真っ昼間から何をしに来たのかと言いたげな表情だ。

周辺には4~5階建ての「旅館」が密集していた。宿泊業の看板を掲げて売春の場を提供する「集娼村」である。

昼間ということもあるが、ひと気がまったくなく、静まり返っている。透明なドアの中を覗いてみても、人の気配はなかった。無理もない。最近、売春を禁ずる性売買特別法が施行され、取り締まりが強化されたのだ。息を潜めているのも当然だろう。

日本人が始めた遊郭が、性の売買の場所として現在まで根強く生き残っている。漢字の看板が多いのは、日本人客が今も少なくないという事実を物語っている。暗い歴史がいつまでも続いているようで悲しい気分にさせられた。

ところで、玩月洞というのは正式な地名ではない。玩月洞＝売春の町というイメージが定着してしまったため、1982年に地元の住民たちが地名を変更するよう求め、忠武洞3街となった。それでも今なお玩月洞＝集娼村というイメージは根強い。

日本風の遊郭の建物はほとんど見られなかった。古い日本風の建物はいくつか目にしたが、それが遊郭だったのかどうかは明らかではない。

「韓国では色町をテキサス村と呼ぶそうですね。なんでテキサスなんですか？」

どこで聞きつけたのか助手が問う。

「朝鮮戦争当時、米兵たちが通った色町と関係があるようです。米国の西部開拓時代、1階でお酒を出して、2階で売春をするという居酒屋がテキサス州に誕生したといわれています。そこから色町のことを〝テキサス村〟と呼ぶようになったそうです」

釜山でも、草梁洞《チョリャンドン》の外国人が多く住む町の中に「テキサス村」というエリアがあり、今もこっそり営業を続けているという。

南富民洞《ナムプミンドン》の日本家屋は、老夫婦憩いの場

玩月洞から西側を歩き回った。今回町を歩いてみて、山を削ってつくった町が多いのを見て「やっぱり釜山だな」とあらためて感じた。

遠目には単に風変わりな風景として楽しめるが、実際に歩いてみると大仕事だ。坂道が急すぎて頂上が見えないところもある。たくましくなければ、釜山では生きていけない。

野菜を満載したトラックが坂道を上ろうとしていた。こんな急坂を上って大丈夫かと心配してしまい、思わず運転席を見ると女性だった。商売になれば、坂なんてものともしないといった面もちで「新鮮な野菜が来たよ！　早く買いに出てらっしゃい！」というテープを流しながら坂を上っていく。釜山の女性の力強さの一面を垣間見た思いだ。

ようやく日本風の建物がいくつか集まっているのが見つかった。屋根や裏側しか見えないが、かなり立派なお屋敷だ。なかでも、ほとんど改修していないように見える典型的な入母屋造りの建物がとても気になった。階段の入口に門があり、階段を上がるとまた門があった。

助手は中に入りたそうな顔をしているが、留守のようだった。近所の家の屋上におじいさんがいたので、声を掛けてみた。

「おじいさん！　ここに住んで長いんですか？」

「ああ。朝鮮戦争が終わってからずっと住んでるよ」

「あそこに日本風の家がありますよね。植民地時代ここはどんな場所だったんですか？」

「この南富民洞はね、法務関係者や警察官、銀行家などの金持ちが住んだところで、立派なお屋敷が多かったよ。もう何も残ってないけどね」

おじいさんと話している私を助手が呼びつけた。

「あそこの家のおばあさんが階段を上がってますよ！」

聞くやいなや私は大急ぎでおばあさんめがけて突進した。

「おばあさん、おばあさん！」

だが、おばあさんは私の呼び声に気づくことなく家の中に入ってしまった。

しつこく叫んでいると、しばらくして「誰だい？」というおばあさんの声が聞こえた。事情を話すと、快く中に招き入れてくれた。

日本風の門を入ると、思ったより家は古びていたものの、かつては立派な屋敷だったのは確かだ。庭にはこの間降った雪が残っていた。

玄関には鍵がかかっていた。話を聞くと、この家の一部を借りて住んでいて、他の部屋は空いているという。持ち主は別の場所に住んでいるそうだ。

「引っ越してきて7年になるけど、春になると庭に花も咲く。とても住み心地がいいよ」

縁側に腰かけて、庭を眺めながら話を聞いた。

「このあいだの雪で雨どいが落ちちゃったけどね、それ以外はまだまだ大丈夫だよ」

おじいさんは今、部屋でお昼寝中らしい。かつてここに誰が住んでいたのかはわからないが、今はこの老夫婦の安らぎの場として立派にその役割を果たしている。

長居すると昼寝の邪魔になりそうなので、早々においとまIすることにした。私の声が一番上の孫娘と似ているというおばあさんは、姿が見えなくなるまで私たちを見送ってくれた。

通りを渡り、海のほうに伸びる路地を抜けると、倉庫や魚市場のある場所に出た。おそらく植民地時代からあったと思われる、かなり古い建物も見えた。

釜関連絡船から身を投げた朝鮮人エリート男女

海沿いに歩いて、釜山と下関を結ぶ釜関フェリーの専用埠頭である釜山国際旅客ターミナルへ向かった。植民地時代の姿は何も残っていないが、話題にはこと欠かない場所であるため、今回の旅の目的地からは外せない。日の丸を掲げた大きな旅客船が停泊していた。

日韓を結ぶ旅客船の航路は、日韓議定書が締結された後、1905年9月に日本の山陽汽船が運航した釜関連絡船「壱岐丸」が最初だった。その後、玄界灘を行き来して朝鮮の京釜鉄道と日本の九州鉄道を結び、朝鮮の物資や朝鮮人、日本人を運びながら、朝鮮民族と苦楽をともにしてきた。1920年代前半には景福丸、徳寿丸、昌慶丸などの旅客専用船が昼夜2回就航した。

当時、日本へ行くには、釜山まで汽車で行き、1泊して翌日埠頭から釜関連絡船に乗るのが普通だったという。朝鮮人は夜便の3等船室に乗る場合が多かった。釜山から下関までは当時7~8時間かかった。下関に下りたら鉄道に乗り換えて東京などに向かう。

このルートで日本に行きたいとずいぶん前から思っていたが、今まで実現できなかった。私がこの連絡船に乗りたい理由の一つには、ある事件への思いがある。

1926年8月4日の夜、今から約80年前のことだ。下関を発った連絡船・徳寿丸は沖ノ島を経て、対馬を左に見ていた。明け方4時、船の甲板の上には劇作家・金祐鎮《キムウジン》と韓国初のソプラノ歌手・尹心悳《ユンシムドク》が立っていた。二人は真っ黒い夜の海に身を投げた。

この事件は翌日、「玄界灘の荒波の中に青年男女の情死」といった見出しで韓国の新聞で大々的に報道された。

金祐鎮と尹心悳は東京留学帰りで、当時の朝鮮人としては最高のエリートだった。二人はなぜ自ら命を絶たねばならなかったのか。個人的な動機もあっただろうが、朝鮮の時代状況が大きく影響していた。暗鬱とした朝鮮に不安を抱いた知識人たちの間にはペシミズム、社会主義的な風潮が広まっていた。こういった状況で30歳の男女は死を決意した。

二人は旅立つ前に、外国の曲に金祐鎮が詩を付け、尹心悳が歌った「死の賛美」という曲を録音した。二人の死後、この歌は大流行した。

「広漠な荒野を走る人生よ

お前は何を探しに来たのか
こうしてもそうしても一生
金も名誉も愛もすべて嫌いだ」
（「死の賛美」の歌詞の一部）

尹心悳の切ない声が聞こえてくるようだ。

二人の出会い、愛、そして死を描いた映画『死の賛美』が1991年に公開された。植民地支配下で苦悩する知識人たちの姿が垣間見られる。

いつか、沖ノ島を通る機会があれば、二人の魂を慰めたい。

四十階段と南浦洞の映画広場

夕食にはまだ早かったので、中央洞の四十階段に向かった。

瀛仙山《ヨンソンサン》が切り崩された後、今日の瀛州洞《ヨンジュドン》と旧・釜山駅や国際旅客埠頭の間の行き来を便利にするために設けられた階段である。その名の通り40段ある。

解放後、帰還同胞や朝鮮戦争避難民たちが住んだ東光洞や瀛州洞のバラック街に行くための階段だった。埠頭や市場の人夫として働いた彼らは、疲れた体でこの四十階段を上り下りし、ときには腰かけて港に浮かぶ船を眺めて郷愁に浸ったりしていたのだろう。当時を再現する銅像がいくつかあるだけの階段だが、多くの物語が染みついているのだ。

夕食後、南浦洞を歩いた。すでに活気はないと聞いたが、多くの若者たちで賑わっていた。南浦洞のＰＩＦＦ（釜山国際映画祭）広場でポーズをとって写真を撮る日本人も見かけた。

映画のメッカとして飛躍しようとする釜山の中心地らしく、このあたりには釜山劇場など多くの映画館が密集している。映画祭などの映画産業で有名になる以前から映画街として知られており、その歴史も古い。

初めて劇場ができたのは１９０３年、日本人が歌舞伎などの公演をする「幸館」であった。だが、これは日本人専用だった。１９１０年から１９２０年代、中心地に釜山座、宝來館《ほうらい》、相生館、国際館ができたが、やはり朝鮮人には入りにくかった。そこで、中心地から離れた、現在の釜山鎮駅近くに朝鮮人も入れる遊楽館、大生館などができた。

１９３０年代、トーキー時代に入ると、映画専用の昭和館が今の釜山劇場の向かいに建てられた。幸館の代表だった日本人・桜庭藤夫が建てたものだが、彼は朝鮮はもちろん、満州にまで映画を配給し大成功をおさめた人物だ。

１９３４年には昭和館の向かいに釜山劇場がオープンした。小川好蔵が東京の歌舞伎座を模して建てたものだ。人々が映画に希望と安らぎを求めたため劇場は大繁盛した。

解放と朝鮮戦争を経てもなお、昭和館（東亜劇場）と釜山劇場に代表される劇場街は、釜山の大衆文化の拠点となり、釜山国際映画祭やＰＩＦＦ広場を生み出す基礎となった。

私が日本に留学していた90年代中頃、よく映画で観た俳優・三國連太郎さんの対談集によれば、彼は１９３７年当時の釜山駅で駅弁売りをしていたそうだ。兵隊たちを詰め込んで中国大陸に向かう列車を何度も見送ったという。

植民地時代のリゾート、東莱《トンネ》温泉

次は東莱《トンネ》温泉に向かう。

朝鮮時代、東莱府がここに温泉場を設けたが、本格的な温泉として開発されたのは、日本政府が朝鮮政府と強引に貸借契約を結んで開発営業権を得た１８９８年以来のことだ。

日本人はここに浴場付き旅館を建てて営業を始めた。まず、八頭司という日本人が八頭司旅館を開業し、その後、１９０３年には旅館・光月楼が、１９０７年には現在温泉のある虚《ホ》心庁《シムチョン》の場所に豊田福太郎が蓬莱館をオープンした。１９１５年には釜山鎮と東莱の間に狭軌のミニ鉄道が敷設され、１９２７年には温泉場のある東莱温泉まで終点が延長された。

温泉を訪れる人々の数は急増し、日本人の資産家が競って別荘を建てたところから、近代

その名の通り富裕層が住んだ南富民洞の日本家屋。栄山浦の黒住猪太郎宅に引けをとらない豪邸だが、老朽化が激しい。

中央洞の四十階段。爆発音とともにポン菓子をつくる行商人と、できあがりを耳をふさいで待つ子どもたちの銅像がある。

的なリゾート地として発展した。

地下鉄1号線の温泉駅を下りると、そこはもう東莱温泉。温泉町の中に入ると、温泉を利用したホテルやモーテルの看板があちこちに目につく。ただ、それ以外は普通の小さな町と変わらない殺風景な街並みだ。

私たちはとりあえず東莱別荘に向かった。1920年代初頭、日本人の迫間房太郎が建て、「迫間湯源」と名づけた場所である。和歌山県出身の迫間は開港直後の釜山に来て、初めは貿易で財を蓄え、その後、不動産取引で釜山一の大富豪にのし上がった。

この別荘の規模を見ると、彼の財力がよくわかる。2階建ての入母屋造りの木造建築で、窓からは外の景色が一望できる。建坪だけで200坪あり、周囲は3000坪余りの庭園に囲まれている。庭にはさまざまな種類の草木が植えられ、鳥が遊んでいた。

当時の日本人富豪の贅沢ぶりが想像できる。と同時に韓国人の私は、これを見た朝鮮人がどれほどの威圧感を覚えたかを想像してしまう。

解放後、迫間湯源は米軍の軍政庁に、朝鮮戦争時には副大統領官邸となり、その後は東莱別荘と名づけられ高級料亭になった。現在は宮廷料理を出す高級韓定食店となっている。

温泉と芸者とマッコルリ

東莱別荘の周辺に当時の建物が残っていないかと探したが、なかなか見つからなかった。金井山《クムジョンサン》の一部を公園にした金剛公園に向かった。釜山の代表的な都心公園のひとつだが、もともとは１９３０年、日本人の富豪の別荘としてつくられたものだ。

金剛公園には、東莱が独立した軍事権をもっていたことを表わす「獨鎮大衙門《ドクジンデアムン》」、壬辰の乱で廃墟になった東莱邑城《ウプソン》を修復したことを記念する「莱州築城碑《ネジュチュクソンビ》」、１６９４年の利渉橋《イソンギョ》の竣工を記念する「利渉橋碑」などがある。

これらはすべて別の場所から移されてきたもので、郷土史家らは植民地時代、前述の日本人富豪が別荘を構えるためにここに移したのだと推定している。日本支配下では、多くの朝鮮の文化財が日本人の単なる趣味のために持ち去られたり、勝手に移動させられたりしたのだ。日本人富豪は10年間この別荘を使い、１９４０年に東莱邑に寄贈した。それを記念した日本語の碑が今も残されているという。

ロープウェイで金井山に上った。あいにくの曇り空のため鮮やかではなかったものの、東莱全体が見渡せた。

金井山には壬辰の乱で過酷な被害を被った東莱の住民が戦乱に備えるための城塞として築いた「金井山城（または東莱山城）」がある。山城の中には「山城マウル（村）」があり、釜山市内とはいえ、まだまだ田舎情緒を残している。

ロープウェイを基点に山城マウルまでの道はハイキングコースとして人気だ。今回は残念ながら時間のゆとりがないため歩くことはできない。

写真を撮った後、ロープウェイを下りてすぐ左手にある食堂に入り、迷わずマッコルリとパジョン（ネギのチヂミ）を頼んだ。登山を終えた3人組が麦のビビンパプとマッコルリを楽しんでいた。軽い登山の後で飲むマッコルリの味は格別だろう。

「うまいっ！」

助手がしきりに連発する。ほのかな酸味と甘味があり、後口がさっぱりしている。

「美味しいでしょ？　金井山でつくった、ここでしか飲めないものだよ。なんたって水と麹の質がいいからね。飲み過ぎても翌日頭が痛くなる人なんていないよ」

店のおばさんが自慢げに言う。

山城マッコルリと呼ばれる当地のマッコルリの歴史は長く、植民地時代は密造地帯だったそうだ。そもそも朝鮮時代、山城周辺に住んだ火田民たちが麹をつくって生計を立てたことに由来するというから、その歴史は250年にもなる。山城マッコルリは1978年に朴正熙大統領が美味しいと認め、「郷土民俗酒」に指定されている。

ほろ酔い加減のまま坂道を下りて温泉場のほうに向かった。新しい建物がほとんどで、植民地時代からある旅館や民家はなかなか見あたらない。似たような建物があったと思ったら、韓屋を改築したものだったりする。

かなり改修されてはいるものの、日本風と思われる家屋を見つけた。日本風だと判断したのは、玄関から張り出した車寄せの三角屋根が特徴的だったからだ。

韓定食専門店になっているその建物に入って店主に尋ねてみると、予想通り日本料亭だったという。ニュアンス的には芸者のいた「料理屋」のようだった。

ちらっと内部を覗いてみると、畳部屋ではないものの、かなり和風の雰囲気を残していた。店主がどこかに電話をかけている。どうやら、日本人男性の観光客が来るから、きれいどころを揃えてくれということらしい。昔も今もやっていることは変わらない。

実際、植民地時代、東莱の温泉場では芸者のいる料亭が繁盛し、50人以上の日本人芸者が暮らしていたため、着物姿で歩く姿がよく見られたという。もちろん、朝鮮人の妓生《キーセン》もいたはずだ。東莱温泉は金持ちたちが芸者と遊ぶ場所として有名だったのも確かだ。当時、妓生は「券番《けんばん》」という事務所に所属し、料理屋からの注文に応じて送り届けられた。

解放後、券番はなくなったが、券番の役割を兼ねた高級料亭、つまり多くの妓生を抱え韓国料理を出す料亭が繁盛した。政治家や財界人の接待の場としてよく使われた。

80年代以降、ルームサロンやカラオケ、ビジネスクラブといった新しい遊び場が頭角を現すにつれて料亭式の韓定食屋は衰退していき、本来の韓定食屋が増えることになった。最近ソウルではほとんど見られなくなったが、まだ東萊には残っているのだろうか。

韓国の温泉場は、ただ町中にクアハウスや旅館が存在するだけで、日本のようなひなびた情緒はない。夜になると東萊温泉は飲めや歌えやの遊興街と化し、日本の熱海や別府のような温泉情緒は感じられなかった。まぁ、これが今どきの人々の休み方なのかもしれない。

現在のこの町で、70年前の芸者が奏でた三味線の音や、妓生が歌ったパンソリを想像するのは難しい。

鎮海《ジネ》

日本人に見せたいような、見せたくないような桜と軍艦

海軍士官学校と恋愛映画

雲行きがあやしいと思っていたら、やはり雨が降り始めた。

釜山西部ターミナルを発った鎮海行きバスは鎮海市内に入っていた。前の席に座る20代前半と見える女性が携帯電話で話す声が聞こえてくる。

「今、道が混んでるけど、すぐ着くわ……雨で制服が濡れちゃうわね……じゃ、後で」

興奮ぎみの声から察するに、海軍士官学校（海軍将校を輩出する4年制の学校）の学生か、あるいは海軍に所属する彼氏に会いに行くのだろう。

朝鮮半島の南端にある鎮海は軍港都市として知られる。海軍司令部や海軍士官学校などを擁する海軍の拠点だ。勝手な想像にふけっているうちに、バスはターミナルに近づいた。窓から外を見ると、雨に降られてひっそりとしたたたずまいを見せる街並みには、日本式家屋、そして桜並木が目立つ。

私は期待に胸を膨らませた。ターミナルに下りると、先ほどの女性の姿はもう見えない。私たちも雨を避けてすぐタクシーに乗り込んだ。

目指す鎮海郵便局は、タクシーの運転手に申しわけないくらい近くにあった。

真っ先にここに来たのには理由がある。薄れてゆく郷愁に思いを馳せるのが好きな私が題名に魅かれて観た韓国映画『クラシック』(邦題『ラブストーリー』)。60年代を舞台にした切ない初恋の物語だ。ヒロインのジュヒ(ソン・イェジン)が足取りも軽く、初恋の人ジュナ(チョ・スンウ)に電報を出すために入った郵便局がそこにあった。ごく短いシーンだが、レトロな味わいをたたえる郵便局のたたずまいが叙情的な彩りを添えていた。

映画の中で水原郵便局という看板を掲げていたその建物が、セットではなく実際に存在すると知ってから、ぜひ一度訪ねてみたいと思っていたのだ。

実物の美しさも私の期待を裏切らなかった。淡い緑色の銅板でふかれた屋根、正面玄関の2本の柱飾り、さわやかな白い壁。パステルカラーの玄関ドアと赤い看板の鮮やかな対比が、ここが郵便局であることを示している。

1912年に建てられたロシア風の近代建築物で、銅板で覆われた屋根には半円形の採光窓があしらわれ、壁にも採光のために多くの窓がある。屋根の銅板は日本植民地時代の末期に砲弾の材料として徴発されてしまったが、1984年に復元されたという。日露戦争に敗れたロシアが日本に対する賠償の一環としてつくったものだともいわれている。現在は文化財に指定され、実際の郵便業務はすぐ裏手の郵便局で行なわれている。

軍港都市・鎮海と日本の縁

満州と朝鮮の支配権を巡る日本とロシアの確執は、1904年2月8日、日本艦隊がロシア艦隊に不意打ち攻撃を仕掛けて始まった日露戦争（1904～1905）を引き起こした。日露間に戦雲が漂うなか、1904年1月、朝鮮は中立を宣言したものの、日本はこれを無視。同年2月23日、朝鮮半島での日本軍の展開と軍事基地設置権を容認する「日韓議定書」を軍事的な脅威のもとで締結させた。これによって日本軍の韓国進出は合法化された。

韓国を「保護」しなければならないという「日韓議定書」の美名の下、日本は朝鮮の五カ所に兵力を駐屯させた。しかし、実際の目的は日露戦争に勝つためであるとともに、朝鮮を武力で威圧するためだった。

この過程で日本は1905年4月、九州の第4師団に鎮海湾の要塞司令部の編成を命じた。第4師団はこれを受けて鎮海の加徳島外洋浦《ウェヤンポ》に上陸。朝鮮駐留軍司令官の下、要塞砲兵大隊を編成して鎮海湾の防御に当たった。鎮海湾を軍事的な要衝とした日本は、日本海海戦（対馬海戦、1905年5月）でロシアのバルチック艦隊に大勝利。日露戦争を勝利に導き、朝鮮の植民地支配を決定的なものとした。

その後、鎮海は東北アジアの海上権を掌握しようとする日本によって軍港都市として開発され、寒村にすぎなかった鎮海は、碁盤の目のような道路が張りめぐらされた軍事都市へと生まれ変わったのだ。

朝鮮戦争をきっかけに陸海空軍の教育機関が鎮海に集められ、兵站《へいたん》都市として軍事施設はますます拡張された。鎮海は一躍、韓国海軍の拠点としてその名をとどろかせるようになる。

日本植民地時代に軍事都市として開発された鎮海には、今もその独特の町の骨格が残っている。なかでも目立つのは、８本の道路が放射状に伸びる中園《チュンウォン》ロータリー（中園広場）だ。

８本もの道路が伸びるロータリーは世界でも珍しいらしい。直径１００メートルほどの円形のロータリーの中心には噴水と時計台、そして１９８２年4月に建てられた亀甲船（16世紀の武臣がつくった亀のような形の鋼船）の模型がある。

もともとこのロータリーは、樹齢１２００年のケヤキを中心につくられたとされている。ケヤキは終戦後に枯れてしまい、今の噴水と時計台が後につくられた。一般にロータリーといえば、東西南北に道路を延ばすが、８本もの道路が分岐するロータリーをつくったのは、やはり軍事作戦などの際の交通の利便性を目論んだのではないかと想像できる。

日本の海軍旗を意図してつくられたという話もある。地図を見るとこのロータリーが、太

手前の建物が中園ロータリーに面した鎮海郵便局。背景は植民地時代にカブト山と呼ばれた帝皇山。郵便局の左後ろに展望塔に続く365階段が見える。

帝皇山から見下ろした中園ロータリー。こうした放射線状の道路で思い出されるのは東京の田園調布の駅前だが、あちらは桜並木ではなく銀杏並木だ。

陽から放たれる光を表わす海軍旗と似ていることがわかる。

鎮海郵便局、銀行、警察署、文化院などの公共施設はすべてこのロータリーを中心に配置されている。日本植民地時代の痕跡が多く残る中国大連のロータリー（こちらは10本の道路が交わる）と似ているのも偶然とは思えない。

中園ロータリー以外にも、北園《プクウォン》ロータリー（北園広場）と南園《ナムウォン》ロータリー（南園広場）がさほど遠くない位置にある。観察力の鋭い人なら、3つのロータリーのいずれにも、ある人物にちなんだものが設けられていることがわかる。

先に紹介した中園ロータリーにはその人物ゆかりの亀甲船の模型があり、南園ロータリーには、その人物がしたためた漢詩「誓海魚龍動　盟山草木知」の詩碑がある。その詩の作者は北園ロータリーに行けばわかる。そこに彼の銅像があるからだ。

この人物こそ李舜臣将軍。なぜ鎮海に彼をモチーフにしたものが多いのだろうか。

李舜臣将軍とは、壬辰の乱（豊臣秀吉による朝鮮出兵）の際、亀甲船をつくって海上戦を勝利に導いた名将である。韓国の海軍の半分以上の戦力が集まる海軍のメッカである鎮海で李舜臣将軍が讃えられるのは当然ともいえる。

韓国を代表する英雄である李舜臣将軍。実は、日本の英雄である東郷平八郎が最も尊敬した人物だったという。

東郷は日本の3倍もの戦力をもつロシア艦隊を全滅に追い込み、日露戦争を勝利に導いた日本連合艦隊司令長官である。戦勝を祝う祝宴の席で記者の質問に答えて豪語した。

「イギリスのネルソン提督はスペインの無敵艦隊を、ほぼ互角（25対30程度）の艦隊をもって打ち破った。しかし、私はバルチック艦隊を3分の1の艦隊で破った」

その一方で、

「李舜臣将軍に比べれば、私など下士官にすぎない。もし李将軍がわが艦隊をもっていたなら、世界の海を制覇したはずだ」

と讃えたのである。

ロシア艦隊との一戦を交えるに先立ち、東郷平八郎は李舜臣将軍の鎮魂式を執り行なったともいわれている。しかし、かつて倭冦から朝鮮の海を守った李舜臣将軍が、朝鮮の植民地支配を決定づけた戦いとかかわっているという歴史の皮肉に、韓国人として切ない気持ちになってしまった。

鎮海と桜の切っても切れない関係

春が来ると、韓国でもマスコミは桜の便りに浮き足立つ。

韓国で桜の名所といえば、迷わずここ鎮海の名があがるだろう。22万本に及ぶ桜、咲き乱れる花を愛でる人波はテレビや新聞、雑誌を彩る風物詩だ。鎮海の名は多くの韓国人にとって桜の花とともに記憶されているはずだ。

今回私たちが訪れたのは三月上旬。花冷えどころか、まだ冬の寒さが居座っていて春の気配は感じられないものの、街道に立ち並ぶ桜の木を見れば、その情景は想像できる。さぞかし美しい町になることだろう。

桜の木は日本植民地時代、町の美化を目的として日本人が植えたのが始まりだと言われている。しかし、本当に町の美化のためだけだったのだろうか。

朝鮮を掌握した日本人は、日本を象徴する桜をいたるところに植えた。

新たに建設した道路（特に全州～群山間の繁栄路《ポンヨンノ》）、学校や公園、全国の景勝地、そしてはなはだしくは、かつて朝鮮の王族が住んだソウル（京城）の昌慶宮《チャンギョングン》にさえ植えた。

昌慶宮では松を取り除いたところに桜を植え、動物園にして昌慶園と称した。そこには「朝鮮は天皇が治める地であり、わが国土である」と認識させようという意図があったのだ。

咲き乱れる桜の花を眺めて祖国に思いを馳せた日本人もいたかもしれないが、それゆえ朝鮮人の目には美しくは映らなかったのだろう。

こういった経緯があったため、植民地時代が終わった後、桜は受難のときを迎えた。日本国民の統合と軍国主義の象徴である日本の花、日本帝国主義の残滓として、多くの桜が切り

太極旗との組み合わせがおもしろい日本式長屋が連なる一角。現在は「チェロ」という名のブティックになっている。

中園ロータリーから放射線状に伸びる道路と、それを円心状につなぐ道路はどれも幅が広く、街全体がゆったりとしている。

倒されたのだ。桜には何の罪もないが、朝鮮人の民族意識を押しつぶそうとする日本人の影を背負ってしまったがゆえに、迎えねばならない運命だった。鎮海の桜も同じ運命をたどり、解放後はほとんど姿を消した。

消えた桜が再び登場したのは1962年のこと。鎮海に多かったワンボッコッナム（王桜）という品種の原産地が、実は日本ではなく済州島であることが、韓国の植物学者によって明らかになったからだ。日本の植物学者・小泉源一京都帝国大学教授が、同様の説を1932年に報告していたことが再確認されたことも、その後押しとなった。

かくしてワンボッコッナムがまた植えられるようになり、1976年に鎮海を訪れた朴正熙大統領が「鎮海を世界一の桜の都にせよ」と言ったのをきっかけに、本格的な桜の植樹が展開され、今のような桜の都になったのである。

1963年に始まった軍港祭は桜が満開を迎える3月末に催される。李舜臣将軍の救国精神を慕い、郷土の文化芸術を振興する目的の軍民共催の祭りだ。いつもは静かな鎮海が、桜を愛でる人並みで一年中で一番賑やかになる。

モノクロ写真が似合う鎮海駅

この街で泊まるかどうか決めていなかったため、荷物を持ったまま歩き回っていたが、いいかげん邪魔になってきた。駅の近くならコインロッカーがあるのでは……と期待して、中園ロータリーから鎮海駅に向かった。

2～3階建ての建物が並ぶ商店街のあいだに、日本式の家屋や商店が見えてきた。500万人以上を動員してロングランとなっている映画『マラソン』の看板を掲げた小さな映画館もある。都心のシネマコンプレックスに慣れてしまうと、小さな古びた劇場がなんだか愛おしく思える。大通りを渡ると、こぢんまりと佇む鎮海駅が見えた。人影はまばらだ。

1926年に建てられた鎮海駅は、日本植民地時代に建てられた駅舎のなかで今も残っている数少ない建物のひとつ。当時の駅舎の面影をそのまま残している。こぢんまりした平屋建てだが、縦長の窓や三角形の出窓のついた屋根などが可愛らしい。特に駅舎の右側にくっついている待合所の柱や屋根がレトロな雰囲気を醸し出している。

個人的には正面より、右手のプラットホーム側から見たほうが味わい深いと思う。写真はカラーよりモノクロが似合いそうだ。

駅舎を目にした瞬間、コインロッカーはなさそうだと思ったが、はたしてそんなものはどこにもない。あまり期待しないで、切符売場の職員に「すみません、荷物を預かってくれませんか?」と聞くと、当たり前のように預かってくれた。都会の駅ではありえないことだ。

駅の右手に小さな赤レンガの建物があり、「旅行将兵案内所（TMO)」という木の看板が出ていた。「旅行案内所」という文字だけが目に入り、「将兵」の2文字はあまり意識しなかった。駅にはたいした旅行案内書がなかったが、ここならあるかもしれない。

玄関前に男が2人立っている。「案内書をもらえませんか？」と言うと、困った様子で顔を見合わせた。ここは観光案内所ではないらしい。軍人の家族たちを対象に車や鉄道の手配をするところだという。さすが軍港都市。こんな施設があるとは初めて知った。

無彩色の街

傘をさそうかさすまいか迷っているうちに、小雨は止んでいた。路地裏探検のスタートだ。

中園ロータリーから伸びる大通りを横道に入ると、驚くほど整然とした街並みに、日本式の建物が残っていた。よく手入れされていて、住宅や店舗として今も使われている。原色に塗られて派手に模様替えした建物もあるが、多くは日本独特のワビサビ系の色合いを保ちながら、過ぎ去った歳月の長さを物語っている。

今にも建物としての命運が尽きそうな切ない姿も見られるものの、これまで見てきた他の都市に比べると、日本家屋がじゃまにされず、しっかりと町に根を下ろしているように見える。日本家屋が集まる中坪洞《チュンピョンドン》や昌善洞《チャンソンドン》では特にそう感じた。

珍しそうにシャッターを切っていた助手が言う。

1926年に建てられた後たびたび改修され、今も昔の姿をとどめる木造の鎮海駅。繁華街は駅から離れたところにあるので、駅前でものどかな雰囲気。

鎮海駅のホーム側。日本でも都会ではなかなか見られなくなった瀟洒な造り。このホームには1日に4本くらいしか電車が入ってこない。

「日本の田舎町みたいですよ。桜が咲いてたら、日本か韓国かわからないですね」

無理もない。私も日本に留学していたとき、木目やグレーなどの地味な色合いの家ばかりなのは、桜がより映えるようにするためではないかと思っていたぐらいだったから。もしかしたら、鎮海も同じではないだろうか。

日本式の建物をそのまま流用した店のなかには、軍港都市ならではの商売も多い。軍服専門のランドリー、船の模型を売る記念品店、軍人用の運動服や徽章を売る店など。

さらに歩いていくと、濃い黄色に塗られた2階建ての日本式の建物が目に入った。当時にしてはかなりしゃれていたのではと思われる丸窓から想像するに、かつては料亭だったのではないだろうか。今まで見てきた日本家屋の中でも最も派手に変身したこの店はメニューも独特だった。そう、犬肉料理の食堂だったのだ。

昔の店舗のガラスケースをそのまま残した建物もあった。

明らかに店舗であるが、今は営業していないようだ。閉店からずいぶん時間がたったであろうと思わせる薄汚れたガラス窓越しに中をのぞいて見る。すると、奥のドアが急に開いて、おじいさんが出てきた。ぎこちなく目礼をしてから、戸を開けて声をかけてみた。突然の異邦人の訪問に驚く様子もなく、おじいさんは普通に世間話をするように話してくれた。

「歳かい？　もう80だよ。ここに住み始めたのは解放の後さ。あれこれ商売をしていたが、

左側の建物は屋根が空色に塗られた軽食堂。右側は壁が橙色に塗られた補身湯（犬鍋）専門店。いずれも日本家屋だ。

空っぽのガラスケースが残るしもた屋。左端のフジフィルムのハングル広告がなかったら、日本の田舎の街並みと何ひとつ変わらない。

もう歳だから閉めたよ。畳は外してオンドルにしたが、それ以外はあまり直さないで住んでるよ。店頭のガラスケースも昔のままさ……ここの棚は私が自分でつくったんだ」

約束があるからと出かけたおじいさんは、何か大切なものでもあるかのようにお店のドアにカギをかけ、何度も確認して立ち去った。

路地裏探検は続く。鎮海に到着してからずっと感じていたが、道が広く本当にきれいだ。ゴミひとつ落ちていないといっても過言ではない。

古い建物にいくら手をかけても、さほどきれいにはならない。古い街並みを残す鎮海がかくも美しいのは、故郷を大切にする人々の思いがあるからこそだろう。

川沿いの桜並木に日本を思い出す

中坪洞や昌善洞の路地裏を歩いていると、さまざまな彫刻や休憩用のベンチなどのある通りに出た。ここが「市民文化通り」だ。

川をふさいでつくられた通りで、美術、彫刻、書道などの展示スペースがあるほか、春と夏には音楽会も開かれる。「軍港祭」の期間には各種イベントが開催されてにぎわう。この通り沿いにもやはり日本式の建物が目立つ。

そのなかで、他とはちょっと趣のちがう珍しい建物が目に入った。2階建ての屋根の上に、派手な色の小さな塔のような屋根が置かれている。

「スヤン会館」という飲食店になっているこの建物は、日本植民地時代に鎮海に建てられたロシア風の建物のなかで最も古いという。ロシア風というよりは中国風に近いような印象だ。日露戦争以前から日本とロシアのせめぎ合いがあった町らしく、ロシア風の建物も他に比べてたくさん残っている。

道を挟んで向かい側には地元では有名な中華料理店「元海楼《ウォンヘル》」がある。50年近くの歴史をもつこのお店は、歳月が年輪を刻む2階建ての近代建築だ。

市民文化通りの端の中坪橋に出ると、川の流れが見えた。さらに進むと南園橋《ナムウォンギョ》があり、橋を渡ると川沿いに大きな桜の木が見える。川に垂れ下がる桜が満開になった様子を想像しているうちに、私はいつのまにか日本留学時代を思い出していた。東京の江戸川公園。神田川沿いに咲く桜の美しさは感動的だった。寮から近かったため、よく歩いたものだ。噂に聞いた「春、日本の新入社員に課せられる初仕事は、花見のいい席を確保することだ」という話が事実であることを確かめて笑った思い出の場所でもある。今、鎮海で見るこの川の幅は江戸川ほど広くはないが、そのたたずまいはあまりに似ている。

軍事都市といういかつい顔をもつ一方で、美しい桜の風情が楽しめる鎮海は、ドラマや映画の撮影によく使われる。教師と生徒の愛を描いたドラマ『ロマンス』は鎮海駅裏手の余佐川の桜並木で撮影された。

海軍士官学校に潜入

3月末から4月の初めまで催される「軍港祭」の期間だけ、海軍士官学校の桜並木が外部に開放される。普段は見られない学校の風景とともに、軍港祭の最大の見どころだ。海軍士官学校には、日本植民地時代につくられた航空機の格納庫（現在は学生たちのヨットやカヌー、ボートの倉庫）や滑走路（現在の練兵場）なども残っている。

しかし、今は軍港祭ではないから入れない。許可を取っていない私たちは一応学校の入口まで行ってみたが、堅く閉ざされた校門を見て、黙ってそのまま引き返してしまった。

しばらく町を歩いていると、新興軍人アパートの前で花束を売る行商人の姿を見つけた。そして、どういうわけか海軍兵士が交通整理をしている。さっきまで静かだったのに、町の様子がどこか変わっているのだ。

実はその日は海軍士官学校の卒業式だったのだ。なるほどバスの中で着飾っていた女性の行き先がわかった。普通の大学は2月中旬に卒業式があるが、ここは少し遅いらしい。

式に参加する家族や友人はここで車を下りて、海軍が準備するバスに乗って士官学校の敷地内に入る仕組みになっている。式は2時に始まるというから、あと15分くらいしかない。

「ご家族の方ですか？　こちらにいらしててください」

とまどっている私たちに向かって、少々いかついが礼儀正しい軍人が言葉をかけた。

「はい……」

図々しくも返事をした私たちは軍関連の建物の中に案内された。中ではスーツ姿の背筋がしゃんと伸びた男たち3～4人が何やら手続きを進めていた。

そのまま中に入って他の家族たちに混ざってバスに乗ればいいと思ったが甘かった。さほど複雑ではなさそうだが、何か手続きが必要のようだ。トイレに行くふりをしてバス乗り場に行ってしまおうかと足を踏み出したところで、背後からまた別の軍人に声を掛けられた。

「ここでチェックを受けてから入ってください」

ホテルマンほど優しくは見えないが、怖そうにも見えない。こうなったら正直に事情を話してお願いするしかない。

「実は鎮海に取材に来て偶然卒業式だということを知りまして……できれば海軍士官学校の卒業式を見てみたいのですが」

気持ちが通じたのか「身分証を出して、名前と住民登録番号を書いてください」と言ってくれた。あっさり許可されたのだ。さっきあれほど緊張したことが恥ずかしくなった。

「今日賞を受ける女生徒と同姓同名ですね。名前が呼ばれたら賞状を受け取ってください」

名前を書いている私に、おじさんが笑いながら冗談を言う。このやりとりで、軍人に囲まれて私の2倍は緊張していた助手も、ようやくリラックスしたようだ。

私たちは入場と写真撮影を許可されたという印の黄色と青の派手なリボンを二つ付けて、無事バスに乗り込んだ。卒業式の開始は2時。その前に家族や友人は会場入りしていなければならないのに、もう2時は過ぎている。要するに遅刻組である。

最前列に陣取って出発を待ったが、なかなかバスは出ない。案内役を引き受けた士官生によると、すでに式が始まってしまったためバスの通過が難しくなり、その調整のため待機しているのだという。いかにも軍隊らしい融通のきかなさだ。

いよいよ出発しそうな雰囲気になった。

まず、先ほど外から見ただけで退散した海軍士官学校の正門で、憲兵による検問があった。正門は無事に通過。きれいに整備された道路沿いに、桜の木がずらりと並んでいる。右手に湾が見え、小島と一緒に軍艦が数隻浮かんでいるのが見えた。鎮海が軍港だとようやく実感できた瞬間だ。「こんな光景、映画でしか観たことない」と助手が興奮している。

バスが再び停まった。もはや本格的に軍隊の世界に入ったようだ。助手が「板門店に入ったときのことを思い出しますよ」とささやく。やはり何度も検問があったらしい。

バスを止めた軍人はどこかに連絡しに行った後、車に乗り込んで私たちに告げた。

「申しわけありません。こちらに乗った方のなかで、どなたか一人、今日尋ねる生徒の名前を言ってください。報告のために必要なんです。何もご迷惑はおかけしません」

しかし、誰も口を開かない。最前列に座っていた私は彼と目が合った瞬間、しまったと思ったが、案の定、指名されてしまった。手続きをしてきたのだから臆することはないのだが、言葉が出てこない。後ろにいたおばさんが代わりに答えてくれた。

正式に手続きをしてきて本当によかったと、あらためて思った。どさくさにまぎれて潜り込めていたとしても、ここでバレたら追い返されてしまっただろう。

玉浦湾《オクポ》を背後に臨む練兵場ではすでに式が始まり、卒業する、すなわち任官する生徒たちの名前がひとりひとり呼ばれていた。セレモニー用の制服をまとった卒業生たち、そして後ろには同じ服装の在校生たち。その姿はりりしく、気品さえ漂う。

海には軍艦と潜水艦が浮かんでいる。よく見ると、甲板の上にも学生たちが整列していた。かつて男の世界だった海軍にも女性の進出は盛んだ。女性士官の姿も少なくない。

国務総理の祝賀演説が終わると、卒業生たちの行進が始まった。伝統的なセレモニーなのだろう。羽毛の付いた帽子を歓声をあげながら一斉に空高く放り投げる姿が爽快だった。彼らの声は、厳しい士官学校暮らしから解放される喜びにあふれていた。

式が終わった後は、やはり用意されたバスに乗って外に出る手はずになっていた。

日露戦争戦勝記念塔があったカブト山

士官学校から出ると夕方4時近かった。スヤン会館で遅い昼食をとる。そこで会ったおばあさんが、鎮海に来てからずっと疑問に思っていた謎を解決してくれた。

鎮海の桜並木には、桜と桜のあいだにヒマラヤシダが植えられていた。このおばあさんの話によると、桜と桜の間にヒマラヤシダを植えると、つぼみの大きい、きれいな花が咲くそうだ。桜は女性、ヒマラヤシダは男性で、陰陽の調和を成しているという。

中園ロータリー周辺を歩いていると、なだらかな山が見え、そこに上る石段が見える。

植民地時代にあった神社に続く階段である……というのは勝手な想像。実際は新しいもので、365段の「一年階段」と呼ばれているそうだ。しかし、山のふもとにはかつて妙法寺、安国寺といった日本の寺院があったという。この山は「ミミズク山」「塔山」と呼ばれるとともに、「王様が現れる」という風水にちなんで「帝皇山《チェファンサン》」と名づけられている。

日本人はこの山がカブトに似ているとして「カブト山」と呼んだという。日露戦争に勝ったことを記念する戦勝記念塔を建てるため、1927年、山の峰を削って、日本海海戦の旗艦を模した塔を建てた。1945年の解放後、朝鮮人にとって恨みの対象だったこの塔は撤去され、1967年には海軍の軍艦を象徴する現在の展望塔が建てられた。

海軍士官学校の卒業式。鎮海湾に浮かぶ潜水艦と軍艦がものものしい。韓国海軍が日本海軍基地を引き継いだかたちだ。

日本式長屋の１階部分の外壁にタイルや木材を埋め込んで、雰囲気のある伝統喫茶に改装した例。手前の桜が咲くとさらに趣がある。

寒い中、急ぎ足で歩き回っていたため、温かいお茶が恋しくなった。

中園ロータリーにある喫茶店「黒白」を探し当てて入ってみた。1955年に開店した最も歴史の古いクラシック喫茶として知られる、鎮海の有名店だ。入口には「black & white」という英文字のシンプルな看板。控えめな店構えが、この町に似つかわしい。

実はここも日本家屋をリフォームした店だ。白と黒で統一された天井の下の広々とした空間の所々に置かれた韓国のアンティークが、小粋なアクセントとなっている。年季の入ったピアノは、すっかり風景に溶け込んでいる。ピアノや演劇の公演が毎月行なわれるという。

お茶を飲みながら本を読みふけっている、詩人志望といった雰囲気の男性以外に客はいない。静かなピアノ曲に包まれて、コーヒーをいただいた。古いものに対する愛情にあふれた、なんとも落ち着ける空間だった。

日が暮れる頃、北園ロータリー周辺を当てもなく歩き回っていると、不意に鎮海駅に出た。予想していなかっただけに、道端で偶然友だちに会ったときのようにうれしかった。

預けてあった荷物を受け取り、次の町に発つ仕度を整えて、鎮海を後にした。

桜の咲く頃また来よう——そう心の中で誓った。

桜の季節に鎮海再訪

満開の桜を見ずに鎮海を見たことにはならない。

そんな思いにとりつかれた私たちは一ヵ月後、軍港祭に沸く鎮海を訪れた。

日本同様、韓国でも桜の開花が遅れたため、開催期間が3日間延長されたのが幸運だった。到着したのが最終日の前の晩だったこともあり、祭りの拠点である中園ロータリーは大変な人出だ。ロータリーから南西方向にのびる文化通りと帝皇山に向かう通りは屋台の白いテントで埋め尽くされている。

ハサミを鳴らしながら日本映画『男はつらいよ』の寅さんのように口上を述べるアメ売り、電飾のイルミネーションが鮮やかな移動遊園地、甘い香りを漂わせる焼きトウモロコシ屋台、ポンチャックの電子音に乗って飛び入りの客といっしょに踊る薬売り。

パッと咲いてパッと散るような日本の祭りとはちがい、韓国の祭りは市場の延長のような感じでメリハリはない。それでも、市内だけで22万本を超えるといわれる桜の花のトンネルは見事としか言いようがない。穏やかな表現ではないが、日本人がよく桜を観て言う「狂いそうになる」という感覚がわかる気がする。

三月上旬の鎮海があまりにもしっとりした印象だったので、同じ場所とはとうてい思えない。旧友を訪ねたものの、よそよそしい態度で迎えられたような気分だが、屋台の灯りに照られた桜の花びらの向こうにぼんやりと見える郵便局の姿にようやくホッとさせられた。

翌朝は6時に起きて帝皇山に登った。365段の階段は想像以上にこたえる。やっと頂上まで来たが、5階建ての展望塔のエレベーターはまだ動いていない。しかたがないので、さらに階段を登る。

ようやく最上階に到達した。ここからは360度のパノラマが展望できる。鎮海の街を覆う桜のベールが、22万本という途方もない数字にリアリティを感じさせる。

中園ロータリーに向かって九時の方角には鎮海湾が広がり、韓国海軍の大型艦が数隻係留されているのがわかる。この方角は撮影禁止だ。

10分遅れて上がってきた中年太りの日本人助手が息を切らせながら言う。

「満開の桜と軍艦を観ると、私のような戦後世代でもなんだか血沸き肉踊りますね」

助手の頭の中にはおそらく、日本映画『秋刀魚《さんま》の味』でたびたび流れた『軍艦マーチ』が鳴り響いているにちがいない。私というれっきとした韓国人を前にしながら、デリカシーのない発言をする日本人は無視して、もうしばらくこの優雅な景色を楽しむことにしよう。

大邱《テグ》
植民地時代の残滓《ざんし》が澱《よど》む内陸都市

名物のリンゴにも日本の影

東大邱《トンテグ》市外バスターミナルに到着した。すでに夜8時を過ぎている。大邱にはどういうわけか縁がなく、初めて訪れる。市街地ではタクシーがビルのネオンのあいだを走り回っている。ソウル東大門市場のファッションビル「ミリオレ」の見慣れた看板が目に入った。

「意外と都会ですねぇ」

小さな地方都市を想像していた助手も驚いている。街並みも雰囲気も日本のようにしっとりと静かだった鎮海《ジネ》から来たため、余計にそう感じたのかもしれない。

大邱は人口254万人を抱える、ソウル、釜山に次ぐ韓国第3の都市である。

繊維の町、商業都市、そして、1963年から1979年までの長きに渡り大統領をつとめた朴正熙《パクチョンヒ》の故郷でもある。当時大邱が大きな経済的恩恵を受けたことも知られている。

そして、人々の気質は頑固で保守的というのが一般的なイメージだ。また、日本人が青森というとリンゴを思い浮かべるように、韓国人は大邱といえばリンゴをイメージする。

1892年、イギリス人宣教師A・G・フレッチャーが、大邱の南山洞《ナムサンドン》に初めてリンゴの木を植えたといわれている。商業ベースでの栽培が行なわれるようになったのは1905年前後のことらしい。盆地という地形的条件、冬寒くて夏は酷暑という典型的な大陸性気候がリンゴに合うことに目を付けた日本人の農業移民と地元の朝鮮人資本家が、大邱の七星洞《チルソンドン》にリンゴ園を開いたのが1905年のことだった。

日韓議定書が締結された1905年以降、日本人の農業移民が増加したことと関係がありそうだ。大邱だけではなく他の地域でも、企業的な果樹栽培の多くは日韓併合以前に、日本人農民の移民によって始まった。

1912年、日本人・歌原恒を招待組合長とする大邱果樹栽培組合が結成されたのを機に、大邱における果樹栽培はますます盛んになった。1915年、朝鮮総督府施政5周年を記念する朝鮮物産共進会で、大邱果樹栽培組合は金賞を受賞。慶尚北道地域のリンゴ事業の主導権を握った。当時のリンゴ農家のほとんどは日本人で、韓国人は1割程度にすぎない。

リンゴ栽培は収益性のいい事業であった。1960年代初め、全国のリンゴ生産量の85・5%を慶尚北道《キョンサンブッド》が占め、そのうち半分が大邱で生産された。「大邱といえばリンゴ」というイメージはこうしてできあがったのだ。しかし、現在の大邱市内では、赤いリンゴが実っているのを見ることはできない。70年代以降ほとんどの果樹園は郊外に移転したからだ。それでもリンゴの都としてのイメージは私たちの中に強く残っている。

学校の地理の授業でかならず習うのが、大邱は繊維産業が発達しているということだ。手工業に支えられていた大邱の繊維産業は1905年、機械化を迎えてますます発達した。豊かな人材、質の良い水、便利な交通といった利点を背景に、近代的な製糸工場、紡績工場、染織工場が次々に設立され、絹や綿の製糸および紡績を中心に発展してきた。

1920年代、達城《ダルソン》公園付近には20以上の織物工場があり、町から織機の音が止むことはなかったという。1942年、日本による「企業合併政策」によって朝鮮人運営の工場は受難の時を迎えたものの、解放後の60年代には政府の軽工業育成政策のもと、大邱は繊維産業を戦略産業とし、繊維都市のイメージを強く打ち出した。かつてほどの勢いはないものの、現在も繊維産業を基盤に「ミラノプロジェクト」を推進し、ファッション都市としてのイメージづくりを続けている。かつて反物市場が発達したことも繊維産業の発達と無縁ではない。

さらに大邱は平壌《ピョンヤン》、江景《カンギョン》とならぶ朝鮮三大市場のひとつだった。植民地時代にも交通の要衝として釜山港と満州を結ぶ物流基地の役割を果たした。日本商人たちも数多く定住していた。植民地支配によるものにせよ、自らの意志にせよ、近代的な装いをまとうようになった大邱。韓国の伝統都市が植民地支配下でどのように変わっていったのだろうか。

日本風の建物が多く残るという西城路《ソソンノ》や北城路《プクソンノ》に近いホテルにチェックインし、遅い夕食をとるために夜の街に出た。風が強くて冷え冷えする。大邱といってすぐ思い浮かぶ食べ物がないのが残念だが、気になるメニューがあった。

チムカルビ横丁と呼ばれる東仁洞《トンインドン》に向かった。噂通り、チムカルビ屋が何軒も並んでいる。景気がよくないせいか、あるいは時間が遅いせいか、どの店も客の姿がまばらだが、いちばん賑わっていそうな店を選んで入ってみた。

底の浅い黄色い鍋の中にニンニクと辛い唐辛子粉をたっぷり入れて煮込んだ骨なしカルビ。見るからに辛そうで、ニンニクの匂いも強烈だ。味は甘辛で、よく煮込まれた肉がほくほくと柔らかい。なんといってもニンニクたっぷりのトロリとした薬味がいい味を出している。肉そのものよりも、最後に残った薬味にご飯を入れて食べたのが一番美味しかった。

朝鮮殖産銀行「爆破未遂事件」の現場から

寿洞《スドン》にある郭《クァク》病院裏の路地で見つけた大衆食堂でクルクッパ（カキとワカメの雑炊）の朝ご飯を済ませた後、産業銀行を目指して西門路を歩いていくと、かつて日本風の商店だったと思われる建物が目に入ってきた。

朝鮮時代、慶尚道の役所があった慶尚監営公園を通り過ぎてしばらく行くと、大邱中部警察署、韓国産業銀行、大邱郵便局のある十字路に着く。現在、韓国産業銀行になっている建物は、日本植民地時代には朝鮮殖産銀行大邱支店であった。今も1931年に建てられたままの面影をそのままたたえている。飾り気のないシンプルな様式だ。

朴正熙大統領の実録小説『青年朴正熙』から引用する。

——足早に通り過ぎると、大邱郵便局があった。ゴシック風の建物の門戸は閉ざされている。人通りがなく寂しいのは日曜日だからだろう。郵便局の向かいは朝鮮殖産銀行の大邱支店。資本金3000万ウォン、殖産積金貯金の貸し付けなど漢字の宣伝文句をうたった垂れ幕が建物の大梁にかかっている。右手に建つ薄気味悪いほどいかめしい2階建てがまさに大邱警察署(現・大邱中部警察署)だ。玄俊赫《ヒョンチュンヒョク》先生や尋常科の先輩たちが、そして、ある時期にはサンヒ兄さんまで拘禁されて拷問を受けたところかと思うと、朴正熙はすぐ視線をそらした——

1920年代あたりの、この周辺の雰囲気と朝鮮人の心情をよく表わした一節だ。

東洋拓殖株式会社と朝鮮殖産銀行は、朝鮮経済のすべてを奪う組織として多くの朝鮮人たちの恨みと怒りの対象となり、朝鮮の独立運動家たちによる攻撃の対象にもなった。

1927年10月18日午前11時50分、朝鮮殖産銀行大邱支店に新聞紙に包まれた爆弾が送りつけられた。それを見つけた職員が驚いて外に運び出したとたん爆弾が爆発。銀行員や日本人警察官が重傷を負い、銀行のガラス窓70余枚が割れた。

事件から1年4ヵ月後、実行犯の青年・張鎮弘《チャンジンホン》が大阪で逮捕された。彼は1930年に死刑を宣告されたが、日本人の前で不名誉な死を遂げるより自決の道を選択。その年の7月31日、自殺した。その建物は基本的な骨格を当時とあまり変えぬまま、名前を変えてそこに存在している。

70年代に栄えた飲み屋街

植民地支配下では、政治的・経済的な意図の強い都市開発が行なわれた。日本人は、韓国人の伝統的な居住地域や市街地を避け、駅や港を中心とした新市街を建設した。その一方で伝統的な集落を撤去するなか、大邱も同じ運命を迎えた。

朝鮮時代、大邱の主要な役所や住宅地は城郭内にあったため、住民の生活圏はもっぱら城郭内だった。しかし、1905年以来、日本は城郭外側の北郊外に大邱駅と京釜鉄道を建設したため、多くの日本人が城郭の北側で暮らすようになった。

日本人は経済圏を隔てる城郭の存在を疎ましく思い、住民の反対を押し切って城郭を撤去

1931年に建てられた旧・朝鮮殖産銀行大邱支店（現・韓国産業銀行）。この3年前に建てられた木浦の旧・湖南銀行とよく似た建築様式だ。

さびれた繁華街・香村洞の路地裏で出合った入母屋造りの日本家屋はチョンダンポ（質屋）になっていた。後ろのビルはモーテル。

して、現在の中央路を建設した。東城路《トンソンノ》、北城路、南城路《ナムソンノ》、西城路など、城郭の名残りは現在でも道路や建物の名前に見ることができる。

大邱では現在の中区から見て北側に日本人の町が、達城公園のある南側に朝鮮人の町が形成された。京城（現・ソウル）とはちょうど逆になる。

日本人が掌握していた中区の北城路、当時の西城路《ソソンノ》周辺には、今も日本風の商店や家屋が残っている。産業銀行から中央路に向かって20～30メートル歩くと、左手の「中央商街」の建物に沿った小さな路地があった。この路地に入ると、日本風の建物が国籍不明の食堂などに改造されて、なんともいえないうらぶれた雰囲気で佇んでいた。あたりをきょろきょろ見渡している挙動不審の私と、店の前で暇そうにしていた主人らしきおじさんの目が合った。

「おじさん、ここは何ていう場所なんですか」

「香村洞《ヒャンチョンドン》だよ」

香村洞といえば70年代、ソウルの忠武路《チュンムロ》、釜山の南浦洞と並ぶ三大歓楽街として名を馳せた。マッコルリを売る安い飲み屋が多く、若者にも人気があったという。70年代、80年代にマッコルリとともに青春時代を送った人々にとっては思い出の場所といえるだろう。が、それも今は昔。あかぬけない看板やインテリアは当時のままで、とても今どきの若者の好みには合いそうにない。

「この町はもう死んだよ。いっぱいあった居酒屋もみんななくなっちまった」

「死んだ」という表現は決して大げさではなさそうだ。

路地をさらに奥に進むと、質屋の看板を掲げた日本風の2階建てが目に入った。民家を無理矢理、質屋として使っているようだ。

お酒が飲みたい、でもポケットにはお金がない――私より少し上の世代の人のなかには、学生時代、質屋に指輪を預けて飲み代をやりくりした思い出をもつ人がいるかもしれない。最近ではあまり見かけない質屋は、「典当鋪《チョンダンポ》」という名で日本植民地時代に始まった。当時を舞台にした映画のセットにはかならずといっていいほど「典当鋪」という看板が見られるほど、朝鮮人庶民にとって身近な存在だった。

植民地時代、現代的な銀行が設立され、地方ごとに農民を対象にした金融機関ができたものの、土地をもたない朝鮮人農民や一般庶民にとっては縁のない存在だった。そんななか、靴、シルクの韓服、時計、金、コート、食器など、何でも預かってくれる質屋が民間金融機関として定着していった。質屋が普及した裏には、経済的に疎外された朝鮮人たちの深刻な懐事情があったのだ。

路地裏を歩いていたら、どこからかポンチャックの電子音が聞こえてきた。植民地時代に持ち込まれた日本の演歌の影響を受けた音楽で、トロットとも呼ばれる。その野暮ったく、せわしない4分の2拍子のリズムが、このあたりの雰囲気に何ともいえずマッチしていた。

北城路の今昔

入り組んだ狭い路地を抜けると、北城路という広い道に出た。

植民地時代、北城路と西城路を経て達城公園に至るまで、日本人の商業地区が形成されたという。改築や補修を繰り返して元の姿がすっかりわからなるほどの歳月を経た瓦屋根の日本家屋に混ざって、当時はさぞ素敵だったろうと思われる洋風の建物も見えた。

再開発のときがきたら、真っ先に撤去されそうな惨めな建物もある。

建物全体が油ですっかり黒ずんだ商店の大部分は機械関連のお店だった。地元ではよく知られた北城路「機械工具街」である。約500メートルにわたって続くこの通りには、汗と油にまみれて足早に通り過ぎる工員や工具を売る人々が行き交い、店の前にはバイクや除草機、耕耘機などが乱雑に置かれている。植民地時代、何でも揃う商店街として賑わった日の姿など、とても想像できない。

植民地時代には農村の精米所のための機械を扱う店が5カ所ほどあったが、朝鮮戦争後、機械や工具がよく売れるようになったため、今のような規模の機械工具街になったという。

この通りがよく知られているのは、サムスン（三星）グループ発祥の地だからでもある。

北城洞の路地裏に残る日本家屋。脂粉は感じられないが、２階部分は下宿や寮を思わせる造り。

ビルの壁面に残る黒い影は、日本家屋を四方から壁で固めたもの。壁の中に建物そのものは残っている。命名「日帝封じ込め建築」。

創業者のイ・ビョンチョル会長（1910〜1987年）がここで商売を始めたのが1938年。28歳だった彼は、日本人が牛耳っていたこの通りで麺類、青果、干物などを扱う三星商会を創業し、中国などに輸出して成功への地固めをした。1942年に生まれたイ・ビョンチョル氏の次男で、現会長の李健熙《イゴンヒ》氏も、大邱で幼稚園に通ったという。

当時の三星商会の2階建ての建物は残念ながら残されていない。創業当時の写真を掲げた記念碑があるのみだ。現物は1997年9月に分解され、エバーランド（サムスングループが経営する複合リゾート施設）の倉庫に保管されているという。

日本式長屋に漂う妖気

大邱駅からほど近い大邱市民会館の大通りの向かいに、2階建ての小さな日本家屋がひしめく一角を見つけた。真ん中に人ひとりがやっと通れるくらいの路地が走り、その左手にはレトロな洋服屋が、右手には3つの戸口がある。戸口の上には「○○下宿」「△△下宿」「××下宿」と小さな表札がついていた。

わき上がる好奇心を抑えきれずに路地を入った瞬間、ただならぬ気配に足がすくんだ。

現実から隔絶されたような別世界がそこに広がっていた。2階建ての家が10軒ほど、T字型にぎっしりと隙間なく連なっている。しかも同じような建物ばかりだ。

日当たりの悪い裏通りにある日本の下町を連想させた。うらさびしさを紛らわそうとするかのように、戸口の前に置かれた植木鉢までそっくりだった。

外で撮影をしていた助手を急いで呼んだ。日本でも都会ではなかなか見られない下町のたたずまいに彼も驚いたようだ。庇の上にハンアリ（キムチやコチュジャン用の瓶）が置いてある以外は、どこから見ても、懐かしい日本の路地裏の風景だと感慨深げに助手が言う。

表通りに面した建物とはちがい、路地裏の家々は戸口の上に「○○旅人宿」という小さな表札を出していた。旅人宿は1泊1000～2000円程度の風呂なしの安旅館だ。

それにしても、いったい誰が泊まるというのか。昼下がりとはいえ、まったく人の気配がない。風に吹かれて揺れる、若い女性のものらしき洗濯物だけが生活感を漂わせていた。

玄関から中がのぞける家があった。1階の狭い廊下の奥に2階に通じる階段が見えた。そこにいるだけで気が滅入ってくる。路地のどん詰まりの塀が、青空トイレになっていた。あまりの静けさに、わけのわからない恐怖を感じてあわてて表通りに逃げ出した。アスファルトの上を走る車の音や道行く人々の声が、以前よりも大きく感じられた。

この路地を隔てて、陰と陽のあまりにちがう世界があるというのは驚くべきことだった。

「なんだか恐くて、落ち着いてシャッターを切れません」と助手が青ざめた顔で言った。子どもじみた表現かもしれないが、何か妖気が漂っているとしかいいようがない。

すぐ隣の道の角にある交番の両側の路地にも「旅人宿」「下宿」といった看板を掲げた家が多い。民家として建てられた日本家屋には例外なく「旅人宿」という看板がかかっていた。

駅の周辺だから旅館が多いのか。いや、もっと深い理由がありそうだ。

後に陰気な日本家屋街の正体がわかった。そこは単なる旅館街ではなく、旅館や下宿という看板を掲げた売春宿の集まる一帯だった。韓国では売春宿が旅館などを偽装することが少なくない。人目につかないところでは「旅人宿」、通りに面した側には「下宿」という表札を掲げていたのはそのせいだろう。なにしろ通りの向かいには、子ども向けのイベントが常時行なわれている市民会館があるのだから。

ある資料によると、「ナカイ」と呼ばれる40～50代のおばさんが客引きをし、女性を斡旋するという。ナカイは日本語の「仲居」から来たのだろう。

建物の1階は窮屈だが、2階には畳の部屋がいくつか残っていたという。今でも畳が残っていたらそれこそミステリーだが、再び潜入して確認する気にはならない。

植民地時代には遊郭だった可能性が高いが、はっきり確認することはできなかった。大邱駅が近いことを考えると、安っぽい旅館街ではなかったと推測できる。

また、大邱駅や京釜線の建設で賑わった1905年頃、工事人夫たちの稼ぎを狙って娼婦たちが集まったという説もある。そのために旅館を装った売春宿が続々とできたとも考えら

大邱市民会館の近くで見つけたドヤ街。そこにいるだけで気が滅入ってくるのは、路地に入ってくる日差しが少ないせいばかりではなさそうだ。

上のドヤ街を裏側から見たところ。積み重ねられたハコバン（掘っ立て小屋）は青空のもとにさらされると、なおさら悲しい光景だ。

れる。あるいは、植民地時代以降にできた売春街という可能性もある。

大邱にも、達成公園入口の右手の桃園洞《トンウォンドン》一帯に遊郭があり、「チャガルマダン」（砂利の庭）と呼ばれた。遊郭がつくられたのは1916年頃。1922年、娼婦たちが逃げたら音ですぐわかるように、周りの桃園に砂利を敷き詰めたため「砂利の庭」と呼ばれたという。湿地地帯だったため砂利を敷いたという説もある。

解放後の1947年、米軍によって公娼は廃止されたが、簡単にはなくならず、地下に潜っただけだった。「砂利の庭」は、同じく植民地時代の遊郭街だった釜山の玩月洞とともに、現在も色町として生き残っている。

「砂利の庭」の色町は旅館を偽装するのではなく、いわゆる飾り窓式のものだったという。かつて遊郭として使われた日本式の旅館などの建物はまったく残っていない。

日本の植民地統治はこんなところにも暗い影を落としていた。

2004年の「性売買特別法」の施行により、植民地時代から続いてきたチャガルマダンや玩月洞の色町の存亡に注目が集まっている。

日本人の百貨店　対　朝鮮人の百貨店

北城路とは対照的に、大邱駅のロッテデパート周辺には若者が多く活気に満ちていた。ところどころに目につく日本風の建物も、その雰囲気に合わせて改装されていた。

賑やかな大通りから離れて路地に入ると、庶民でにぎわう市場があった。よそよそしく着飾った高層ビル街の裏手にこういった生活感の感じられる市場を見つけるとうれしくなる。「校洞市場《キョドン》」という名前から、学校と何か関係あることがわかる。

朝鮮時代、各地に建てられた儒教の教育機関「郷校《ヒャンギョ》」がここにあったという。日本による都市開発で移転させられてしまったため、すでに郷校の姿はない。儒学生たちの集まる郷校が独立運動の拠点になるのを防ごうという意図があったのだろう。

他の地方都市と同じく、校洞市場が生まれたのは朝鮮戦争当時のことだ。1950年6月、市場を開こうとしている矢先に戦争になり、建物が避難所として利用されるようになった。戦時中、近くにある米軍部隊のPX（米軍部隊内の売店）から多くの生活物資が流れ込み、物不足だった避難民たちの需要に応えるかたちで市場が形成されていった。

米軍から流れてくる物資を目当てに市場が形成されたのは、米軍駐屯地のあった地域ではよく見られた現象である。釜山の国際市場、仁川のヤンキー市場がその代表例だ。

市場で働く年配の人たちのなかには、大邱方言とは違うアクセントの言葉がしばしば混じっていた。尋ねてみると、はたして朝鮮戦争当時、北側から避難してきた人々だった。すでにここで50年以上商売をしているという人が多い。

米軍の日用品や衣類を中心に始まった市場だったため「ヤンキー市場」というニックネームでも呼ばれた。もっとも今は何でも揃う総合市場になっている。70年代、80年代を経て、時計、宝石、電気、電子、コンピューター製品などを扱う電気街も形成された。

市場の中を歩くと、日本式の建物だけでなく、横道に入ると伝統的な韓屋にも出合うことができる。洋風建築を模したと思われる建物には「東亜百貨店」という漢字が見られた。近所のおばあさんたちによると、朝鮮戦争後に建てられたものだそうだ。その裏手に現在の東亜百貨店の大きなビルが見えた。

東城路を中心に東亜百貨店（1972年）と大邱百貨店（1969年）がオープンしたことは、大邱の市街地の発展に大きな変化をもたらした。植民地時代の名残りで賑やかだった香村洞や北城路は旧市街という位置づけになった一方、百貨店を中心として形成された現代的な商業地区が大邱の中心地となったのだ。

植民地時代の大邱には、どんな百貨店があったのだろう。

1930年代、大邱は近代的な商業都市としての姿を見せ始めた。商店が次々にオープンし、日本人が経営する百貨店が発展の核となった。

大邱で初めて開業した百貨店は、1932年、日本人実業家エビスが創業した「イビシヤ百貨店」。大邱駅とその近くの東城路に入口があった。1階の外面すべてをショーウィンドーにし、当時としては最も高層の鉄筋コンクリート4階建てだった。

1934年9月には、大邱で雑貨店を経営していた日本商人4人が出資し、今の北城路に5階建ての「三中井百貨店」を開店した。主な客は日本と朝鮮の富裕層だった。雑貨の卸しや小売りはもちろん、貸金業まで手がけて徐々に大邱の経済を主導するようになった。

日本人が百貨店を建てて地域経済を支配するようになると、これに刺激された朝鮮人実業家・李根茂《イクンム》が1937年、西門路《ソムンノ》に朝鮮人を対象にした「茂栄堂百貨店」を開いた。開城出身の李根茂は当時、日本最高の商業学校だった横浜商業高校の卒業生である。

これに続いて、朝鮮人経営の「半月堂《パンウォルダン》百貨店」が開店した。木造2階建ての婚礼用品専門店である。現在も大邱に残る半月堂という地名はここから来ている。

日本人と朝鮮人による百貨店をはじめ、さまざまな規模の商店が大邱の新しい経済圏を形成して発展した。近代的な百貨店の黄金時代は1945年の終戦、1950年の朝鮮戦争による混乱を経て、幕を閉じた。

校洞市場を後にし、日本家屋がよく保存されているという三徳洞《サムドクドン》の三徳初等学校（小学校）周辺に向かった。小学校の裏門から200メートルほどのところに、日本の木造家屋が1軒ひっそりと建っていた。かつての姿をそのまま残したこの建物は、植民地時代に三徳小学校の校長の官舎だったという。いつからか人が住まなくなり廃屋になったものを大邱YMCAが外観をとどめたまま改装し、町の美術館として運営している。「ピッサル美術館」というかわいらしい木の看板が掲げられていた。庭の片隅には、田舎の家にありそうな古井戸が残されている。

「日帝の残滓」とされて多くの植民地時代の建物が撤去されているなか、美術館という公共施設として使うことにはかなり抵抗があったと思う。

道の対面には黄土色の韓屋があり、こちらもやはり美術館となっていた。

狭い道路を挟んで韓国の伝統的な韓屋と日本家屋が並んで建ち、住宅街に文化的な潤いを与えていた。どうも違和感があると思ったら、道を隔てて建つ2つの建物には垣根がなく開けっぴろげなのだ。未来指向的な日本と韓国の関係を表わした一種のパフォーマンスではないかという気もしたが、実はこの町では家々の垣根をなくす運動が進んでいるそうで、その一環として2つの建物の垣根を壊して木を植えたのだ。

植民地時代、この界隈は富裕層である日本人が住んだ地域で、日本式の庭園をもつ古風な趣のある日本家屋が今も残っている。

伝統的な韓屋、洋風のお屋敷、そして日本家屋が残る閑静な住宅街。次に訪れたときには、おたがいを隔てる垣根がもっと低くなっているのではないだろうか。

韓国の市場の多くがそうであるように、大邱の校洞市場も朝鮮戦争のときに北から避難してきた人たちが深くかかわっている。

三徳小学校裏手の住宅街にあるピッサル美術館。植民地時代は小学校校長の自宅だった。庭には井戸の跡が残っている。

漢方薬の香り漂う薬令市場、五日市だった西門市場

三徳洞からタクシーを拾って薬令市場に向かった。

タクシーの窓から雰囲気ある2階建ての建物を発見。緑色の屋根に赤いレンガ。庭木はよく手入れされている。ヨーロッパの学校を連想させた。１９２８年に建てられた都立大邱病院の建物が、現在は慶北大学校医大となっている。中央に張り出した玄関を中心に左右対称をなしていて、どっしりした安定感は、いかにも病院にふさわしい。１９３１年に建てられた東山医療院（東山洞《トンサンドン》にある）とともに大邱を代表する近代建築物として保存されている。

大邱薬令《ヤンリョン》市場は中区の中央路と西城路の間に1キロに渡って伸びる裏通りにある。最近整備された道路沿いに漢方薬店、問屋、漢方医院、高麗人参の専門店など、漢方薬関連のお店がぎっしり並んでいる。市が立たない日だったせいか、想像していたよりも人気がなく寂しかったが、通りに漂う漢方薬を煎じる香りが、疲れた心と体を癒してくれた。香りをかいだだけで足取りが軽くなる。

新しいビルとビルの間に、過ぎ去った歳月を感じさせる年代物のお店が威厳をたたえてたたずむ。植民地時代には裕福な朝鮮人たちが多く住んでいたらしく、裏手には伝統的な韓屋も見えた。また、華僑が住んだと思われる派手な装飾の中国風の建物も目に入った。日本風なのか韓国風なのかよくわからない伝統漢薬房もあった。

大邱薬令市場は朝鮮時代に源を発する代表的な専門定期市で、毎年2回、春令市（2月）と秋令市（10月）が開かれる。生産者や問屋が全国から集まり、20日間も市が立ったという。1910年代までは中国、満州、モンゴル、日本などアジア各国の豪商たちが漢方薬を買い付けるために集まった。薬令市場の隆盛は大邱の経済に大きく貢献した。宿泊業や倉庫業、仲介業、金融業などを中心に町は活況に沸いたという。

しかし、1941年、朝鮮総督府は規制と法令を楯に市を閉鎖してしまった。薬令市場には民族色が濃く、民族意識を高揚する機会になるというのが閉鎖の理由だったという。その後、朝鮮戦争後も細々と続いていたものが、78年以降の活性化政策によるテコ入れで活気を取り戻した。とはいえ、往事の賑やかさはすでに見られないという。

薬令市場を後にして、啓明《ケミョン》大学の附属病院である東山医療院に向かった。赤レンガが印象的で、先ほど見た慶北大学校附属病院に似ている。当時流行った建築様式なのだろう。

1899年に宣教師たちによって開設された長い歴史をもつ病院だ。敷地内には、当時宣教師らが暮らした洋風のお屋敷が保存され、宣教・医療・歴史博物館となっていた。

大邱の洋風建築は宣教師によって建てられたものが多く、その影響を受けた朝鮮人も洋風建築を建てたという。

東山医療院の向かいには西門市場がある。前述したように大邱は古くから嶺南《ヨンナム》地方の商業の中心地であり、朝鮮三大市場のひとつとして知られていた。大邱で最も古い歴史をもつ市場は薬令市場であり、その次が西門市場である。ソウルの南大門市場や東大門市場のように、さまざまな専門商店街が組み合わさって構成されており、衣料、織物をはじめ多様な品目を扱う総合市場だ。土曜日のせいか大変な賑わいだった。

かつて大邱の五日市場だった西門市場が、北門の外から今の位置に移転したのは、日本統治下の1923年。守護神を祠って庶民の安寧を祈った天皇堂の池を埋めたてた場所である。大邱邑城から見て西にあることから西門市場と呼ばれるようになった。

朝鮮戦争以後、避難民が集まって人口が急増し、繊維産業が発達するにつれて全国最大の衣類、反物の市場として成長した。1970年以降、京釜高速道路が開通し、道路網が整備されてソウルに出やすくなったため、大邱の繊維産業も昔ほどの勢いはないが、今も大邱を代表する市場として賑わっている。

神社参拝の思い出

大邱市民の憩いの場、達城公園。韓国に残る城郭のなかで最も古い土塁《どるい》に囲まれた公園である。ソウルのタプコル公園と同様、達城公園もおじいさんたちの憩いの場となっていた。

平和な土曜日の午後を迎えようとしている公園で、この地の痛々しい過去に思いを馳せる人は少ないかもしれない。

1592年から1598年にかけての豊臣秀吉による2度の朝鮮出兵を日本では文禄の役、慶長の役と呼ぶが、韓国では壬辰倭乱《イムジンウェラン》、丁酉再乱《チョンユチェラン》と呼ぶ。達城公園周辺は日本軍によって廃墟となった。日清戦争では「東学の乱」(東学系の農民の革命運動)を抑えるという名目で出兵した日本軍の陣地として使われた。

日本との悪縁はまだ続く。1906年11月、明治天皇の誕生日を迎えるにあたって、大邱在住の日本人1500人が神社を建て、大邱邑城から撤去した慶尚監営(現在の慶尚監営公園)の正門だった観風楼、望京楼などを移して公園とした。

現在の公園は1963年に新たに造成されたもので、大邱の神社は1966年に完全に撤去された。今の様子では、どこに神社があったのか、想像するのは難しい。

日向ぼっこをしているおじいさんならわかるのではと思い尋ねてみた。「神社」というのは植民地時代を経験した韓国人が最も敏感になる言葉のひとつなので、あくまで控えめに。

「あそこに大きな槐《えんじゅ》の木が2本あるだろ? あの辺さ」

おじいさんの一人が教えてくれた。すると隣りにいたおじいさんが興奮して話し始めた。

「なぜそんなことを聞く? そんなことを知ってどうする? 思い出したくもないよ。倭《ウェ》政《ジョン》（と彼は言った）のとき、私の家族はキリスト教徒で、父は神社参拝を拒否して捕まって、ひどい目にあったんだ。まだ小学生だった私は、なぜ父がそんな目にあうのかわからなかった。でも、神社参拝が忌まわしいものだったという記憶はあるよ」

1910年以前は、日本人住民が民間で神社の建立や維持にあたっていた。しかし、「日韓併合」後、朝鮮総督府の指揮のもと、朝鮮人にまで神社参拝や神道信仰を強要した。1930年代に入って大陸侵略を再開した日本は「内鮮一体」を謳うようになり、朝鮮人への神社参拝をますます強要するようになる。当然朝鮮人は反発したが、特にキリスト教界は強く反発した。彼らは参拝を拒否したために、さまざまな不利益を被った。

おじいさんの痛々しい思い出話を聞き、私と助手は重苦しい気分で達城公園を後にした。

外国人や外国文化が激しく往来し、過去をあっけらかんと脱ぎ捨てているような気配のある釜山や仁川《インチョン》などの港町とはちがい、内陸に位置する大邱には植民地時代の有形無形の残滓が澱《よど》むように残っているようだ。

三章

仁川《インチョン》、ソウル

仁川《インチョン》
列強によるカルチャーショックを全身で受け止め続けた街

朝鮮近代史の主役

フランスと米国が朝鮮の開港に失敗し、自国の事情で朝鮮から目を離している隙に、日本は江華島《カンファド》事件（雲揚号事件）を起こして日朝修好条規（江華島条約、1876年）締結に持ち込んだ。この日朝最初の不平等条約によって同年に釜山《サン》港、1880年には北朝鮮の元《ウォン》山港、そして1883年には、後に仁川港と呼ばれることになる済物浦《チェムルポ》港を開港させた。

仁川の開港が遅れたのは、干満の激しい西海でどこを開港したらいいのか日本側が決めかねていたことと、ソウルに近い仁川を開港することによる経済の混乱を憂慮した朝鮮側が反対したからでもあった。

人口70人程度の寒村でしかなかった仁川が世界に向かって開かれると、日本や清国をはじめ通商条約を結んだ欧米各国がここに租界を確保した。港を中心に約15万坪以上に及ぶ租界には日本、清国、英米独露仏などの共同租界があった。租界を中心に外交や貿易が活発に行なわれ、仁川港は朝鮮の外交や貿易の中心となる国際港として隆盛の時を迎えた。

日本人や欧米人が増加しただけでなく、朝鮮各地から仕事を求める人々が流れ込んだ。外国勢力の朝鮮半島進出の足場として発展を始めた仁川。それから100年以上たった今も、仁川の町中でその痕跡を見つけるのは難しくない。

まずは仁川駅から探索を開始する。

1899年、朝鮮初の鉄道・京仁線の終着駅として長い歴史を誇る。京仁線は鷺梁津《ノリャンジン》と済物浦（仁川）を結ぶ鉄道で、京城（ソウル）にとって、仁川が海につながる窓となった。もともとは米国が敷設しようとした路線だが、資金不足で手放した後、日本が完成させた。

何をするにも自然の力や人力に頼っていた朝鮮にとって、線路を走る蒸気機関車は驚嘆の的であり、この世の物とは思えぬ存在だった。開通当時、汽車は鷺梁津から済物浦までの80里（33・2キロ）を1時間40分で走った。徒歩や籠、馬で12時間かかっていたことを考えれば革命的といっても過言ではない。

1日2往復。6両編成の客室は3等級に分けられていた。1等の料金は1ウォン50チョンで、乗るのは外国人のみ。朝鮮人は2等（80チョン）か3等（40チョン）に乗った。

開通した当時の京仁線の営業成績は予想に反して振るわなかったという。朝鮮人の多くは相変わらず歩いていたし、汽車を利用するのは冬のあいだ、道路が凍って不便なときぐらいだった。さらに、反日感情も朝鮮人たちの足を鉄道から遠ざけた。「洋鬼は火輪船に乗って、倭鬼は鉄車に乗ってやって来る」と動揺で歌われたほどである。もちろん料金が高いというのも理由のひとつだ。鉄道会社も黙って見ていたわけではない。「速くて便利」をアピールした広告で利用者を増やすのに躍起になった。しかし、駅や沿線には、汽車に乗る人よりも摩訶不思議な〝文明の利器〟を見物しに来る人のほうが多かったという。

ソウルと仁川間に貨物を運ぶルートができたことは、当地の産業に大きな影響を与えた。1937年、日本は仁川と水原《スウォン》を結ぶ水仁線を開通させた。水仁線は、水原と驪州《ヨジュ》を結ぶ水麗《スヨ》線と接続された。京畿道の南側にある利川《イチョン》・驪州地域の米と蘇莱《ソレ》港で獲れる塩を仁川港を通じて日本に運ぶと同時に、仁川港に着いた生活物資を内陸に運ぶための路線だった。

狭軌鉄道だった水仁線と水麗線は産業鉄道としての利用価値が低くなったため、それぞれ1995年、1972年に廃線となった。

日本でも公演されて話題になった『地下鉄1号線』というミュージカルには、こんな歌が登場する。

「♪1号線は左側通行、2、3、4、5号線は右側通行」

なぜ1号線だけが左側通行なのだろうか。その糸口は植民地時代にある。

韓国の鉄道システムの基礎は、大部分が日本植民地時代につくられたため、日本の左側通行をそのまま受け継いだ。したがって、当時つくられた地下鉄1号線（京仁線）は左側通行である。一方、終戦後に米軍がつくった路線はすべて米国流の右側通行。鉄道のシステムを変えるのは非常にコストがかかるらしく、1号線だけが左側通行のまま残ったというわけだ。実は自動車道路でも同じことが起こったが、自動車の普及率は低かったため、米国流に変更しても問題にはならなかった。

日本と米国の独自ルールに翻弄され、自動車は右側通行、鉄道は左側通行、地下鉄は1号線だけ左側通行で、それ以外は右側通行という複雑なことになってしまったのだ。

韓国唯一のチャイナタウンは清国租界だった

仁川駅を出てすぐ踏切を渡ると、4本の柱に支えられた典型的な中国建築の「牌楼」が見えてくる。屋根の下には「中華街」と書かれた看板が掲げられている。門をくぐり坂道を歩くところから、100年前の仁川にさかのぼる旅の始まりである。

韓国唯一のチャイナタウンであるこの界隈（中区善隣洞《ソンリンドン》）は、仁川開港の翌年1884年に清国領事館ができた租界で、「清官通り」と呼ばれていた。

仁川が開港すると日本はすかさず海岸通り（現・中央洞）に7000坪に及ぶ租界を確保。続いて、それまで朝鮮の宗主国を自負していた清国は、負けじとばかりに海岸通りに隣接する善隣洞に5000坪の租界を設けた。朝鮮を取り巻く列強の激しい攻防がうかがえる。

華僑商人、特に山東地方からやって来た者たちが仁川経済を牛耳った。開港後10年間に仁川に入ってきた中国製品の量は日本製品の倍はあったという。しかし、1894年の日清戦争で情勢は逆転。敗戦によって華僑は勢いを失い、いよいよ日本商人が隆盛をきわめた。

中国産の絹、漢方薬剤、塩、陶磁器、酒、煙草など、あらゆる物品の取引に携わる貿易商とともに中華料理店や雑貨屋などが立ち並び、大いに賑わったという。特に、清料理を出す高級中華料理店は全国に名を知られた。だが、庶民にとっては「絵に描いた餅」であり、「高嶺の花」である。「中華塁」という中華料理店の3階では週末ごとにパーティーが開かれ、上流階級の社交場ともなっていた。

1937年に日中戦争が起こると、華僑の勢いはさらに衰え、一部の食堂と雑貨店だけが生きながらえた。現在は200余人の華僑が住んでいる。当時有名だった中華料理屋はすでにないが、華僑2世、3世が小さな中国世界を形成して命脈を保ち続けている。

韓流中華「ジャージャー麺」発祥の地

坂道を上りきると、道路の両側300メートルほどにわたって中国風の伝統住宅や、中国の民芸品、伝統衣装などを販売する商店が集まっていた。最近建てられたと思われる赤と金色で派手に飾った中華料理店がひときわ目立っている。だが、さらに目を引いたのは、古い中国映画の一場面に登場しそうな、風情ある年代物の中国建築。日本風でも韓国風でもない2階のバルコニーの木造アーチの姿が独特だ。ところどころに日本風の建物も見られた。

横浜の中華街などと比べると、規模においてはまったく比較にならないほど小さく、賑やかさとは縁がなさそうだった。世界中どこへ行ってもしぶとく生き残るという中国人商法はどこへやら、どのお店も暇そうで、呼び込みの声さえ聞こえてこない。

韓国で最も庶民的な中華料理といえば、4000万韓国人のほとんどは「ジャージャー麺」と答えるはずだ。実は仁川こそ韓国風中華料理ジャージャー麺発祥の地である。

清国商人による貿易が盛んになると、仁川には中華料理屋が続々オープンした。1905年に開業した「共和春」もそのひとつだ。そこで中国人クーリー（出稼ぎ肉体労働者）のために、中国にはないジャージャー麺を初めて売り出した。真っ黒いチュンジャン（黒いソース）を炒めたソースで麺を絡めて食べるジャージャー麺は、波止場のクーリーたちのあいだで人気を博し、やがて韓国人が最も好んで食べる中華メニューになったのだ。

ジャージャー麺とともに韓国風中華料理の双璧といわれる、赤唐辛子粉たっぷりのチャンポンの発祥もまた、ここである。

かつてジャージャー麺を生んだ共和春はすでに姿を消し、今は関係があるのかないのか、真新しい「共和春」がオープンしていた。

チャイナタウンの仁川華僑協会から中区庁の方向に少し歩くと、最近整備したような階段がある。ただの階段ではなく、両脇が石造りの灯籠と並木で飾られている。善隣洞から北城洞にかけてチャイナタウンを一まわりした私たちは、善隣洞の隣りの中央洞に向かう途中で、その階段に出合った。私は助手に問うた。

「この階段の特徴がなんだかわかりますか？」

階段周辺をまじまじと見詰めていた助手が答える。

「左右の灯籠の形がちがいますね」

「正解！　左側の角張ったのが中国式灯籠、右側の丸っこいのが、あなたの国の灯籠です」

実はこの階段、清国の租界と日本の租界の境界線であった。この階段を境に左側に中国人、右側に日本人がそれぞれの風習を保ったまま、それぞれの様式の建物で暮らしていたのだ。

日本に運ばれる朝鮮の米が山積みに

仁川の開港に伴い、現在の中区の中心地である中央洞、松鶴洞《ソンハクドン》、松月洞《ソンウォルドン》、北城洞《プクソンドン》など、湾岸を中心にした約15万坪以上に及ぶ地域に租界が形成された。

日本人による租界は「自由公園」の南側の丘から海岸に至る中央洞、官洞《クァンドン》1・2街一帯

仁川中華街のゲートをくぐると左手に見えてくる中国建築。2階バルコニーの木造アーチの曲線が美しい。

1880年代～90年代、朝鮮の利権を巡って争った中国と日本。この灯籠は清国租界と日本租界の境界線だったところにある。左側が中国、右側が日本。

の約7000坪に及ぶ地域。租界の中でも最もいい場所を占めていた。現在の中区庁の場所に2階建ての領事館が建てられ、道路、住宅、商店、銀行などが揃う日本通りが生まれた。

1883年の開港当時、348人にすぎなかった日本人住民は、日清戦争（1894〜1895）の勝利とともに急増し、1890年末には4300人余りになっていた。あまりに人口が増えて住む場所がなくなったため、租界が拡張された。1898年、現在の海岸洞一帯を埋め立てて4000坪余りの租界が新たにつくられた。それでもまだ日本人は増え続け、他国の共同租界や韓国人居住地にまで入り込んで住む場所を確保した。

日韓併合後、1914年に租界は廃止され、仁川での日本人の居住圏、経済圏はますます広くなった。日本人の勢力は官公署の集まる租界の中心部から膨脹を続け、広い範囲に日本家屋や日本風の商店が建てられた。長い歳月が流れた今も、その面影はあちこちに残されている。チャイナ・タウンとはまたちがった趣の日本人居住区を歩いてみよう。

まずは新興洞の「穀物倉庫通り」から。

近年アパートや大型ディスカウントストア、大型ナイトクラブなどが入居していたものの長続きしたためしのない赤レンガの倉庫が、かつての栄華を今に伝えている。

倉庫の前には、日本に運ばれるのを待つ朝鮮産の米が山積みになっていたはずだ。休みなく黒煙を吐き出し、発動機が騒々しく音をたてた精米所。穀倉地帯を発った米は水仁線の狭軌列車で倉庫まで運ばれ、朝鮮人人夫たちが米俵を担いで降ろした。タオルで頭を覆った女性たちが、米に混ざった石を取り除く作業を続けた……そんな賑やかな光景は想像もできないほど、今は静まりかえっている。

韓国の家庭では焚き物にモミガラを使っていたが、精米所から出た大量のモミガラが海に落ち、現在仁川空港のある永宗島《ヨンジョンド》の前まで流れて漂っていたという。仁川の精米業がいかに盛んだったかを物語るエピソードだ。

「穀物倉庫通り」裏手にある仁川女子商業高校に足を伸ばす。道すがら日本家屋がよく見えた。コンクリート塀の上で午後の陽射しを受けてうずくまっていた野良猫が私たちの姿に驚いて、ぼろぼろの木造家屋の裏に逃げていった。長屋式の庶民的な日本家屋が多く、すでに廃屋となったものもある。間もなく取り壊されて再開発されるのだろう。

仁川女子商業高校のある場所には、日本人だけのための東公園（万国公園を西公園としたためこう名づけられた）があり、仁川大神宮が建てられた。朝鮮人たちは異様な姿の神社に近づこうとはしなかったという。

仁川市立図書館横の栗木公園の近くにも、真新しい住宅に混じって日本家屋が残っている。窓が広く、よく手入れされた庭のある日本家屋が今も堂々と使われていた。

使い勝手を考えていろいろ改装が施されてはいるが、不自然さはない。裕福そうな人が住んでいそうな和風のお屋敷や、和洋折衷様式の家もあちこちにある。先ほど歩き回った新興洞の穀物倉庫通り界隈とはまた雰囲気のちがう空間だった。

当時、山の手には富裕層が暮らし、海に近い下手には庶民が暮らしたのではないかと想像してみた。日本人のなかにだって貧富の差はあったはずだ。

学生時代を仁川で過ごした人なら、一度は仁川市立図書館に向かう坂道を歩いたことがあるだろう。この図書館にはほかではちょっと見られない建築物がある。右手の庭先にある2階建ての木造家屋がそれだ。驚くほど原型を保ったその日本家屋は、図書館の別館として使われている。庭石や灯籠などが置かれた典型的な日本庭園もある。見晴らしのいい丘の上にあるため、下界に広がる海が一望できる。だれが見ても立派なお屋敷だ。

お屋敷の主は精米所の経営者・力武平八。ビジネスチャンスあふれる仁川で、最も儲かる商売といわれた精米所を営んで財をなした。

ゴーストタウン化が進む外国人居住区

1895年、現在の愛館劇場のある場所に「協律舎」という名の劇場ができた。レンガ倉庫の形をしていた。釜山出身の丁致国《チョンチグク》が建てたもので、韓国最初の劇場として知られている。1915年に「愛館」と名を改め、舞台や映画などさまざまな公演が行なわれた。今も

新興洞の市立図書館がある高台には、改装が施された日本家屋が多い。この家も屋根が葺き替えられ、外壁も韓国風に赤レンガで補強されている。

高台から平地に降りると、こうした長屋式日本家屋が目立ってくる。こちらもレンガで補強されたり、軒を付け替えたりして生き長らえている。

「愛館劇場」という名前は残っているものの、残念ながら当時の建物は残されていない。

仁川に住んでいた日本人を対象に、1897年に仁川座、1905年に歌舞伎座が建てられた。日本で人気を博した新派劇やマジックの公演が行なわれた。室内は椅子ではなく畳敷きになっており、前のほうの席から高い舞台を見ると首が痛くなったという。客席では飲み食いもできて、売り子が歩き回ってお茶や餅を売った。当時の劇場では男が左側の座席、女性は右側に分かれて座ったという。「男女七歳にして席を同じうせず」の風習がそのまま劇場にも持ち込まれていたのだ。

新浦洞《シンポドン》の外換銀行の場所には、1909年に建てられた仁川最初の活動写真専門劇場「瓢館」があったと伝えられている。主に日本の劇場映画やニュース映画が上映された。

この外換銀行の裏手には、当時一番の繁華街だった新浦洞と内洞《ネドン》が広がる。開港前には朝鮮人のこぢんまりした魚市場と野菜市場があっただけだった。開港とともに魚市場は日本人に、野菜市場は中国人に牛耳られるようになった。これが今の新浦市場である。今でこそ一つの市場になっているが、当時は内洞と新浦洞に分かれていた。市場を中心に商店街や歓楽街が広がり、日本人、中国人、米国人、英国人、朝鮮人などが集う多国籍の町となっていた。

1980年代までこの新浦洞界隈は仁川一の商業地とされ「仁川の明洞《ミョンドン》」などといわれたものだ。しゃれたつくりの商店街、飲食店街などは確かに繁華街を思わせたが、日曜だというのに人通りはまばらだ。路地裏に入ると、廃業した店もかなり見られる。

この一角で喫茶店を営むおばさんが、賑やかだった頃を振り返る。

「今は本当に苦しいよ。私の店はまあまあお客さんが入るけど、このあたりはもう死に体だね。昔は役所がたくさんあったからよかったけど、ほとんど移転した上、IMF危機が追い打ちさ。何か工夫しなくちゃねぇ……」

小さな路地を入ると、日本式なのか中国式なのか、国籍不明な古い家々が並んでいた。なかでも私の目を引いたのは、小さな看板を掲げて寄り添うように集まっているカルククス（手打ち麺）屋だ。知る人ぞ知る、新浦洞の「カルククス横丁」である。安さと量の多さはピカ一で、懐の寒い庶民や学生たちに40年以上にわたって支持されている。

私たちはたまたま迷い込んでしまったのだが、あえて探そうとしたら難しそうだ。ようやく目当ての店を見つけたらしき女の子のグループが喜んで店に入っていく姿があった。

ここに来て初めて知ったのだが、高校生の頃よく食べたチョル麺もここ新浦洞が発祥の地らしい。チョル麺とは、ジャガイモのでんぷんでつくった麺に野菜とコチュジャンを入れて混ぜて食べる冷麺に似た料理だ。仁川は麺料理や粉ものと縁が深いらしい。マンドゥ（水餃子）の代名詞ともなっている「新浦マンドゥ」も、その名の通り、新浦市場がルーツ。今や１００以上のチェーン店に成長した。

新浦市場から中央洞に向かって歩くと、日本風の商店や石造りの建物の跡が多く残されていた。商都であったことを象徴する銀行の近代建築が、特に目を引いた。

金融都市

仁川の開港後、商業の中心だった中央洞の一帯に銀行が相次いで開業した。朝鮮人にとって日本の銀行とは、経済収奪のために活躍する前衛部隊である。当時、建築の流行に最もこだわったのは銀行らしく、中央洞にあった日系の銀行はこぞって西欧風の近代建築様式を取り入れた。今見ても、どれもしゃれた石造りの建物である。

やや離れて、第一銀行、十八銀行、五十八銀行の建物が当時の姿のまま残されている。どっしりした石造りの建物の美しさと威容は、当時の銀行の存在感の大きさを物語っている。

1888年に木造社屋で営業を始めた第一銀行は、1899年に石造りの建物で新装開業した。中央部にドームをもつルネサンス様式を取り入れ、細かな部分まで均整がとれている。どこかで見たような気がすると思ったら……そう、1995年に取り壊されたソウルの日本総督府に似ているのだ。

日本人・新承孝正が設計し、レンガ、石材、セメント、木材などの資材を日本から運んだという。それほどの投資をする価値があったということだろう。

港洞の旧・第一銀行仁川支店（1899 年竣工）。かつては銀行業務だけでなく関税業務も行なう仁川経済の中心だった。現在、市の有形文化財第 7 号。

旧・第一銀行の近くには、ルネッサンス様式の旧・五十八銀行仁川支店（1939 年）もある。現在、市の有形文化財第 19 号。

「朝鮮で最も美しく堅牢な石造りの社屋を建てて、大規模な取り引きを手がける日本第一銀行が済物浦にある」

当時の英文雑誌の記述が、第一銀行の名声を伝えている。

第一銀行は本来の業務だけでなく、関税も扱った。当時の朝鮮には中央銀行がなく、貨幣制度も整備されていなかったが、1902年に第一銀行が3種類（10ウォン、5ウォン、1ウォン）の紙幣を発行。朝鮮政府の許可も受けておらず混乱を招いたが、結果的にはこれが韓国最初の近代式紙幣の発行ということになる。

第五十八銀行は1892年に仁川支店を開設し、1939年に現在の社屋に移転した。今は飲食業組合が入っている。2階のバルコニーなどは、銀行にはもったいないほど優雅な味わいがあり、石造りとはいえソフトなイメージを醸し出している。

「バルコニーと明かり取り窓が特徴的で、屋根にはマンサード屋根（腰折れ屋根）を組み合わせた、フランス式ルネサンス様式の建物である」

そう資料に書かれている。

1890年10月に建てられた十八銀行は、残念ながら補修工事中だった。和洋折衷様式のレンガ造りで、屋根は日本式の瓦屋根。近代建築として仁川で最も古いものだという。

これらの先発組に続き、日本の銀行や保険会社が続々と乗り込んできた。1900年初め、仁川には日系の金融機関が20カ所以上あったという。日本以外では、1897年に香港上海銀行（HSBC）が、1898年にロシアの露韓銀行が開業した。そして、外国勢の進出に刺激された朝鮮人が1899年、大韓天日銀行を興した。1910年以降は、政治と経済の中心が京城（ソウル）に移ったため、仁川の銀行は一地方支店的な扱いに身を落とした。

血と汗の染み込んだトンネル・虹霓門《ホンエムン》

「虹霓門《ホンエムン》」に向かった。花崗岩とレンガを用いたアーチ型のトンネルである。形が虹に似ていることから、そう名づけられた。入口の灰色のアーチは期待したよりもずっと地味だった。まだ冬だというのに、青い蔦《つた》の絡まる風情ある姿を想像していたからだろう。とはいえ、映画やドラマのロケ地の定番となっているだけあって、異国的な雰囲気をたたえている。

だが、このトンネルの歴史を思うと、ロマンチックな気分にばかりも浸っていられない。

虹霓門は1905年に着工され、1908年に完成した。高さ17メートル、幅10メートルで、花崗岩を積んでつくられている。人や車の通る部分は高さ10メートル、幅4メートルとなっている。

開港とともに流入した日本人は、その数が増えるにつれ、銭洞《チョンドン》、新生洞《シンセンドン》、新浦洞、内洞などと住む地域を拡大していった。やがて彼らは朝鮮人たちが住む東側の万石洞《マンソクドン》にまで目を付けた。

しかし、租界や仁川港からの交通が不便だったため、鷹峰山《ウンボンサン》を穿《うが》ち、東区に抜けるトンネルとして虹霓門を掘った。これによって日本人街の中心だった中央洞や官洞と東区が結ばれ、朝鮮人が暮らしていた東区が日本人に浸食されるようになった。

トンネルの設計と監督は日本人が引き受け、中国人の石工と朝鮮人労働者たちが実際にトンネルを掘った。落盤によって50人以上が命を落とした不幸な事故もあったという。

日本人はこのトンネルを、東区と西区に向けて勢力を拡げていく穴に見立てて「穴門《ヒョルムン》」と呼んだが、朝鮮人たちは血と汗の結晶のトンネルであるとして「血門《ヒョルムン》」と呼んだと伝えられている。

虹霓門の東側に住む朝鮮人にとって、トンネルの向こうの日本人租界はまさに虹の彼方のような別天地であった。トンネルを境に、東側の朝鮮人街は貧村、反対側は富村と呼ばれるほど差があった。

植民地時代に発展した都市の多くがそうであったように、仁川もまた二重構造になっていた。新市街で近代的な機能を享受できる「日本人の空間」と、住んでいた家を追われ、都市に流れ込んだ庶民たちの暮らす劣悪な「朝鮮人の空間」が、別世界として存在していたのだ。

虹霓門の両側には、よく手入れされた庭をもつ住宅地が造成されていた。一見欧風の住宅

トンネル手前側の外国租界は「富村」、向こう側の朝鮮人街は「貧村」と呼ばれたように、さまざまなドラマをもつ虹霓門。

妓生を管理した「龍洞券番」の文字が刻まれた階段。券番の跡地の周辺は現在、さびれたモーテル街となっている。

が並んでいる。仁川には、日本と清国以外に、米英独露などの共同租界があり、欧米人商人や宣教師たちが暮らしていた。彼らが住むために建てた欧風の邸宅は、それまで公共の建物として建てられた洋風建築ともまたちがい、朝鮮人にとってカルチャーショックであった。しかし、今は邸宅の大部分は消失し、当時の写真やエピソードが残っているのみである。

1884年にドイツ人が建てた「世昌洋行私邸」は、赤い瓦に覆われた一部が2階建てになっているレンガ造りの建物で、四角いアーチが横並びになった別荘のような造りだった。現在、自由公園のマッカーサーの銅像が立っている場所にあったという。

1905年、上海の港湾施設工事で財をなした英国人ジェイムズ・ジョンストンが建てた別荘は、イギリスの城を思わせる建物だったという。当時、仁川港に入った船からよく見えたため、ランドマークとして知られていた。朝鮮で初めてスチーム暖房を備えた建物だった。現在、仁川市には「世昌洋行私邸」「ジョンストンの別荘」などを復元し、開港当時の姿を甦らせる計画があるという。

これらの洋館とともに話題になったのが「済物浦クラブ」だ。仁川に集まった日本や清国、欧米各国の外交官や商社マンは1891年、親睦を図るために社交クラブをつくった。米英独仏など西洋人6人と日本人24人、中国人4人のメンバーから出発したこの会員制クラブは入会基準が厳しく、入会の可否は会員の投票で決めた。まさに上流階級の社交場だった。発足10年後には万国公園（現・自由公園）の鷹峰山斜面に建物をつくって移転した。ビリヤード台やダンスホール、図書室、テニスコートなどを備えていたという。彼らは食事会を兼ねた舞踏会を月2回開き、ソウルの外国人たちとも活発に交流を重ねた。

仁川港が一望できるこの建物の外観は比較的地味に見えるが、窓や屋根の様式はあきらかに欧風である。終戦後は、在韓米軍の将校クラブとして利用され、その後、市立博物館となり、現在は仁川文化院となっている。

妓生マネジメント

１９０２年、釜山で誕生した遊郭が大きく栄えると、同年12月、今の仙花洞《チョンファドン》に「敷島《しきしま》遊郭」が登場した。植民地時代のこの地域の地名「敷島町」は、遊郭の名前から来ている。栄華を極めた遊郭の痕跡は今や何も残っていない。

愛館映画館の裏手にある「シンシン結婚式場」の近くには、１９１０年に設立された「龍《ヨン》洞《ドン》券番」があった。今はさびれたモーテル街となっているところの礎石の階段に「龍洞券番昭和四年」という文字が刻まれている。

韓国の芸者である妓生には国の許可が必要であり、券番を通して国に税金を納めなければならなかった。券番は税金の納付を代行しただけでなく、妓生の管理を一手に担っていた。

登録された妓生を料理屋（料亭）に派遣して花代を受け取るのが券番の業務である。券番は毎日「草日記」という妓生の名簿を料理屋に送り、一見《いちげん》さんでも妓生を呼べるようにしたり、妓生の指名予約を可能にしたという。

また、妓生を新規採用し養成するのも券番の役割だ。人柄や態度、歌舞楽曲、書画などの能力を審査して採用し、詩吟や歌謡、パンソリ（伝統歌謡）、踊りなどを教え込んで一人前に育て上げる。植民地時代を舞台にする映画やドラマには、必ずといっていいほど妓生と券番が登場する。地域によって券番の呼び名は異なり、妓生のレベルもさまざまだった。仁川の妓生のレベルは、ソウルよりは低いが、開城よりは高いという評判だった。なかには全国に名を知られる名妓もいて、芸能界に進出したりした。

１９１０年頃、中区《チュング》の龍洞には、湧金楼、花月館、新興館といった韓国式料亭があり、官洞には一山楼、朝日楼、新生洞には八阪楼という日本式料亭があったという。

『激動の一世紀　仁川の話』（京仁日報）には次のように書かれている。

——韓国式の料理屋では神仙炉《シンソンノ》、煮物、焼き物、乾きものなどを添えた、今でいう韓定食のような酒案床《チュアンサン》（お酒を飲むための御膳）が供され、酒は韓国伝統酒や日本酒が主流だった。妓生は鼓や伽椰琴《カヤグム》を奏でて詩を吟じ、恋歌や南道民謡を歌って興趣をそそったという。１９３０年代後半には、蓄音機で流行歌を流して男女でダンスをするのが流行した——

伝統的な教育を受けた妓生のいる韓国式の料理屋では、遊郭や日本式の料亭とちがって身体を売ることは許されない。妓生はあくまで芸事のプロとして扱われた。

彼女たちは民族意識が強く、独立運動のための資金を出したり、追われる運動家をかくまったりしたこともあったという。

もちろん料金はかなり高価で、裕福な朝鮮人実業家や地主、日本人がお得意さまだった。人気のある妓生はあちこちの料理屋から引っ張りだことなる。そのため、券番に最も求められたのはスピードだったという。そこで活躍したのが、1894年に初めて朝鮮に持ち込まれた人力車だ。料理屋から連絡を受けた券番は、妓生のいる場所に人力車を送り、お客さんの待つ料理屋まで妓生を送らせる。宴が終わると、また家まで送り届ける。人力車の料金は、券番が一括して支払った。

妓生が昼間外出するときは、人力車の幌はかけなかった。町ゆく人たちに姿を見てもらうため、つまり宣伝のためだったのだ。

上流階級のリゾート・月尾島《ウォルミド》

中区を歩き回った後、私たちが向かったのは月尾島《ウォルミド》だ。

「仁川は知らなくても、月尾島は知っている」と言われるほど有名な行楽地である。植民地時代からすでに保養地として知られ、元山（現・北朝鮮）の松濤園《ソンスウォン》も釜山の海雲台《ヘウンデ》もかなわない、朝鮮最高の名所といわれた。リゾート地として仁川の名所を紹介する昔のパンフレットや絵葉書を見ると、当時の月尾島がどれほど美しかったかがしのばれる。

月尾島は日本人が開発したリゾート地のひとつだ。1922年、仁川港と島を結ぶ土手路が造成されたのを皮切りに開発が本格化した。1908年に建てられた愛宕神社は、春は花見、夏は海水浴を楽しむ人々で賑わったという。

月尾島がリゾートとして広く知られるようになったのは京仁鉄道のおかげともいえる。当時、鉄道局は月尾島に海水温泉「潮湯」や屋外海水プールをつくって、沿線の乗客を勧誘した。鉄道会社が乗客を増やすために観光開発に励むのは昔も今も変わらない。

海に面していた「潮湯」の欧風の建物には、保養宿泊施設がすべて揃っており、今でいう総合レジャータウンといった趣だ。当時の写真には、海に面した海水プールで浮き輪で遊ぶ子どもたちが写っている。今でも見られそうな風景だ。

ただし、子どもたちを見守る男が、シルクハットで着物姿というのが時代を物語っている。もちろん当時の最新流行であろう。写真に写っているのは生活にゆとりのある人々で、庶民にとっては高嶺の花だっただろう。

月尾島名物のひとつが、浜辺の端にあった日本料亭「竜宮閣」だ。満潮になると海に浮かんでいるように見え、人目を引いたという。3階建ての「濱ホテル」も外国人や富裕層を相手に繁盛したと伝えられている。

1930年末、日本は大陸侵略の軍事的要衝である月尾島を要塞化する計画を立て、リゾート施設は閉鎖された。新たなリゾートとして計画されたのが松島だったが、太平洋戦争によって投資が滞った。

朝鮮戦争中、仁川上陸作戦があった当時、人民軍部隊が駐屯していた月尾島は国連軍の砲撃で廃墟になった。

現在の姿は1980年代以降に再建されたものである。写真に見られる高級リゾート地としての姿は、今となっては想像するしかない。

舶来品の「初もの」づくし

朝鮮が欧米列強と通商条約を締結すると、海外の商社が相次いで進出し地盤を固めた。その足場となったのが仁川である。ソウルに近いという地の利もあった。釜山港はソウルからあまりに遠く、貿易という点では仁川の足元にも及ばなかった。

1884年、ドイツ系の商社・世昌洋行が朝鮮に初めて進出した。針やカミソリ、染料、医薬品などの生活必需品の販売から銀行業、観光業、海運業にいたるまでを手がけ権勢を振るった。その他、米国系の「Townsend & Co.」、英国系の「Holme Ringer & Co.」などの活躍が目立った。1907年には、仁川港は朝鮮の貿易額の半分以上を扱う国際港に成長していた。

貿易によって、それまでなかった舶来品が流れ込み、朝鮮人の生活に大きな影響を与えた。開港から植民地時代にかけて、朝鮮人のライフスタイルに影響を与えた商品としては、針、ミシン、塩酸キニーネ、染料、漂白剤、ビール、味の素、仁丹、時計、洋服、化粧品、帽子などが挙げられる。

日韓併合まで30年以上続いた仁川の租界は、朝鮮近代化の出発点となった。「仁川といえば、朝鮮の「初もの」づくしなのである。多くの「朝鮮初」のうち代表例をあげてみる。鉄道敷設、西欧式公園、西欧式ホテル、マッチ工場とタバコ工場、移民が出発した港、自動車の生産地、近代的気象観測所、紙幣、電話開通……。

これを見ても、仁川が開港地としてどれほど先駆的だったかがわかるはずだ。

月尾島から戻る途中、100年前の仁川の姿に思いを馳せながら考えた。外界に対して門を閉ざしていた朝鮮は、何の準備も覚悟もないまま門をこじ開けられた。もともと閉鎖的だっただけに、朝鮮人が異国から受けたショックの大きさは想像するに余りある。

さらに、近代化の美名のもとで押し寄せてくる列強勢力は、朝鮮人に友好的とはいい難かった。朝鮮の地に、自分たちの文化をそのまま持ち込んで植え付けようとした。彼らの家、商品、文化、何ひとつ朝鮮の物と融合させようとはしなかった。ただ朝鮮の地を舞台としただけだ。それが彼らの「近代化」だったが、朝鮮人にとっては、虹霓門の向こう側の別天地に過ぎなかったはずだ。

近代化の名のもとにもたらされた、さまざまなカルチャーショックを全身で受け止め続けてきたのが、仁川という街なのだ。

ソウル
大京城の繁栄と終焉《しゅうえん》

閔妃《ミンビ》暗殺

ソウル探索は、朝鮮王朝の宮殿「景福宮《キョンボックン》」から始まった。

春の花が咲き始めた景福宮はいたって穏やかだ。久しぶりに宮中を歩いた。外国人観光客の姿が目立つが、そのなかでも圧倒的に多いのが日本人だ。3〜4人で組になりシャッターを押しながら笑っている彼らを見ているうちに、なんだか心が重くなってきた。

彼らは、ここが日韓の近代史にとって最も悲劇的な場所のひとつであることを知っているのだろうか。

香遠亭《ヒャンウォンジョン》の裏手、すなわち香遠亭の北にある乾清宮《コンチョンクン》のほうに向かった。そこで私たちは明成皇后《ミョンソンハンフ》(閔妃《ミンビ》)の殉国崇慕碑と小さな玉壺楼《オクホル》を見つけることができた。乾清宮《コンチョンクン》は復元工事中で中には入れなかったが、警備員に頼んで写真だけ撮らせてもらった。香遠亭には何度も来たことがあるが、裏側はいつも素通りしていたのだ。

華やかな香遠亭とは対照的にひと気の少ないこのあたりで、景福宮の歴史上、最大の悲劇が起こった。国王・高宗《コジョン》の王妃、明成皇后が殺害されたのだ。

当時の朝鮮を取り巻く情勢を振り返ってみよう。日本がどうやって朝鮮で勢力を拡大し、すべてを奪っていったのかがよくわかる。

1894年、朝鮮で東学農民運動（東学の乱）が起こる。役人の腐敗と日本の経済侵略に対する農民たちの反乱だ。朝鮮政府は反乱鎮圧のため、清国に援軍を要請したが、日本も清国への対抗上、軍隊を送り込んで東学軍の鎮圧に当たった。朝鮮政府は日本軍の撤収を要求したが、日本は応じず、宮廷を侵すなどして居座り続け、やがて清国軍と衝突して「日清戦争」が起こった。戦争は日本の勝利に終わった。これにより日本は朝鮮支配において圧倒的な優位に立ち、大陸侵略の足場を固めることとなった。

しかし、日本の独走を憂慮した列強、すなわちロシア、フランス、ドイツによるいわゆる「三国干渉」を通じて主導権を握ったロシアの優位が明らかになると、日本に不満をもつ朝鮮王朝では「排日・親ロシア」の傾向が目立つようになる。

こうした親ロシア政策には明成皇后の勢力が直接的にかかわっていた。朝鮮侵略を押し進めたい日本は大勢を覆すため、その首謀者として明成皇后の追い落としを図ることになる。

1895年10月8日、ついに悲劇が起こった。日本公使・三浦梧楼の指示で軍人らが景福宮に侵入して明成皇后を殺害した。これが「乙未《ウルミ》事変」(閔妃暗殺事件)である。作戦のコードネームは「狐狩り」だったという。皇后が宮殿内で殺されるという悲劇的な事件は、なりふりかまわず朝鮮を手に入れようという日本の蛮行のすさまじさを示すとともに、朝鮮の国力がいかに弱体化していたかを物語っている。

覇権を取り戻した日本は、朝鮮に親日政権を成立させた。断髪令をはじめとする急進的な改革を進め、朝鮮を一歩一歩、手中に納めていった。

皇后暗殺は朝鮮民族にとって大きな衝撃であり、激しい怒りを招いた。朝鮮人の反日感情は、断髪令をきっかけに爆発し、義兵の反乱が全国で起こった。

閔妃暗殺事件以後、王朝の没落とともに景福宮も王宮としての機能を徐々に失っていった。最近、ミュージカルやドラマなどを通じて閔妃の一生に再びスポットが当たっている。

再び玉壺楼のほうを見ると、老紳士がひとりたたずんでいた。愛知県から来たというこの男性は日本人だった。「工事中で残念ですね」と話しかけると、意外な言葉が返ってきた。

「どんな理由があろうと、一国の王妃を惨殺するなど許されないことです。日本人として本当に恥ずかしく、訪韓のたびに謝罪する意味でここに立ち寄っています」

あまりにできすぎた話のようだが、事実である。思いがけない出会いに、心がすーっと軽くなった。

２００５年５月、閔妃を殺害した日本人の子孫が事件現場の乾清宮の玉壺楼を訪れ、先祖に代わって謝罪したというニュースが報道された。事件から１１０年がたっていた。

景福宮の受難

１９１０年の日韓併合以前から、１５０余りの建物に７８００の部屋をもつ巨大な景福宮一帯は日本人による破壊を免れることはできなかった。１９１１年以降、景福宮の管轄権が完全に朝鮮総督府に移ると、さらに組織的な破壊が行なわれるようになった。朝鮮王朝の象徴である王宮は日本にとって明らかに邪魔な存在だったのである。

１９１２年、景福宮の中に朝鮮総督府庁舎の建設が本格的に進められた。１９１５年には朝鮮物産共進会、１９２９年には朝鮮博覧会が景福宮で開催された。展示スペースをつくるため、主要な宮殿のいくつかを除き、大部分が撤去されてしまった。

撤去された宮殿の大部分は払い下げられ、日本人の私邸などとして利用された。皇太子の寝殿だった「資善堂《チャソンダン》」が日本人資本家の大倉喜八朗によって東京の私邸に移築されたのは有名な話だ。大倉邸で美術品を飾るために使われていたが、１９２３年の関東大震災で焼失。基礎部分だけが焼け残り、その後ホテルの庭石として使われていたものが、１９９５年に韓国に返還された。

日本による景福宮の破壊というと、朝鮮総督府庁舎建設だけを取り上げる日本人が多いが、博覧会場をつくるために壊されたものがずいぶん多かったことはあまり知られていない。植民地当地時代、景福宮は6回以上も博覧会場として使われたのだ。

まず、1915年、施政5周年を記念する「朝鮮物産共進会」(朝鮮総督府主催)が開かれた。そして、1923年の「朝鮮副業品共進会」(朝鮮農会主催)、1925年の「朝鮮家擒共進会」(朝鮮畜産協会主催)、1926年の「朝鮮博覧会」(朝鮮新聞社主催)、1929年「朝鮮博覧会」(朝鮮総督府主催)、そして、1935年の「朝鮮産業博覧会」(朝鮮新聞社主催)である。

博覧会だけではない。展示会、品評会、奉祝行事など数々の記念行事がここで行なわれた。このような状況で、景福宮はもはや宮廷としての機能を失い、誰でも出入りできる娯楽と展示のための空間へと転落してしまったのである。景福宮の中で最も華やかだった慶会楼《キョンフェル》や勤政殿《クンジョンチョン》でも、宴会や式典などが頻繁に行なわれた。

日本の総督たちは、敬畏の対象だった国王の玉座である勤政殿の龍床に座って行事の開会を宣言したり、授与式を行なったりしたのだ。

朝鮮の宮殿の悲しき末路である。

天気がいいせいか、美しい芝生の上で記念撮影をする新婚夫婦の姿も見られる。

1930年の京城中心部。背後の北岳山が「大」、その下の朝鮮総督府が「日」、手前中央の京城府庁（現・ソウル市庁）が「本」を表わすといわれた。

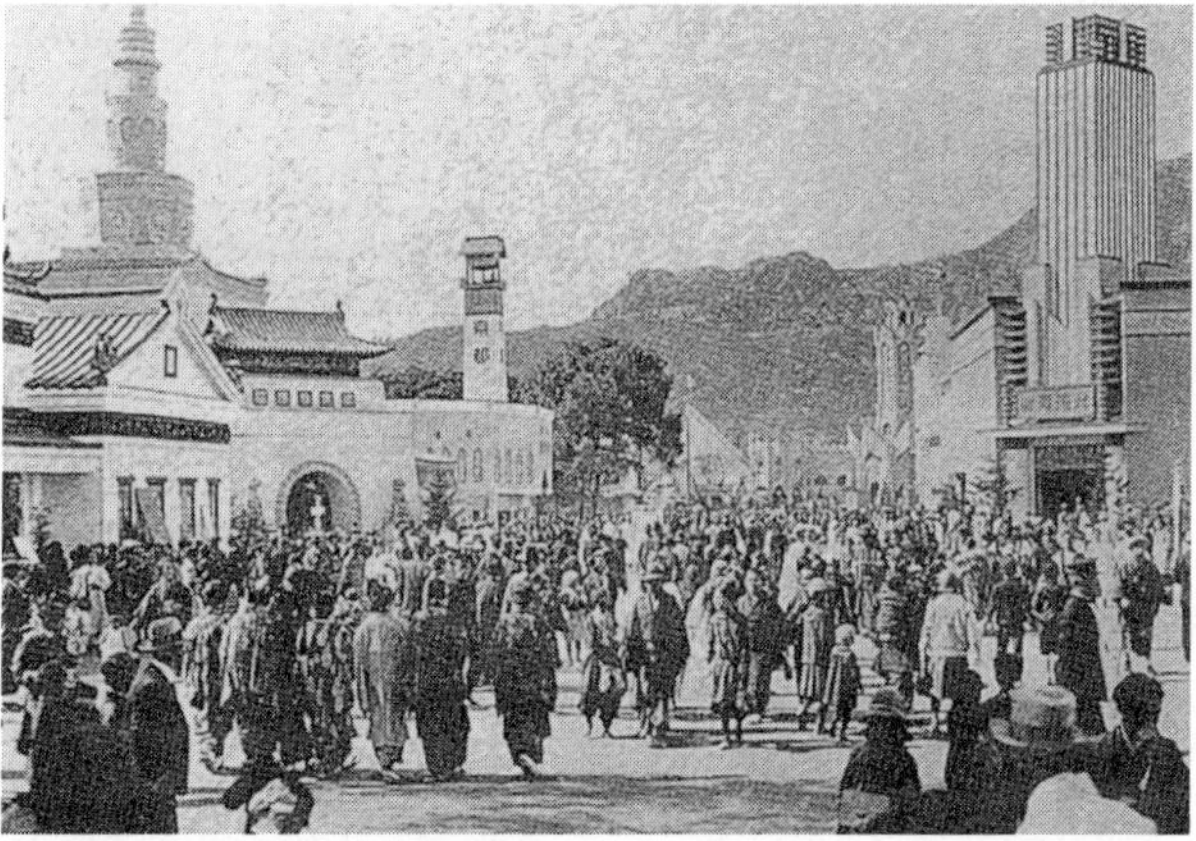

景福宮で開かれた1929年の朝鮮博覧会。日本の先進性と朝鮮の後進性を見せつけ、日本を模倣させるのが狙いのひとつだったといわれる。

朝鮮では人が住む家の敷地内には芝生は植えなかったという。ここの芝は宮殿を撤去した跡に日本人が植え始めたものだ。今では見慣れた風景だが、朝鮮の伝統では芝は墓場に植えるもので、当時は異様に映ったことだろう。

景福宮で開かれた「朝鮮物産共進会」と「朝鮮博覧会」

朝鮮支配5周年を記念し、植民統治の偉業を誇示するため、そして日本製品の宣伝のために、景福宮の建物の3分の1を壊して開催したのが朝鮮物産共進会だった。当時の情勢では時期尚早という声もあったが、朝鮮総督の寺内正毅が強く推進したという。

これに間に合わせるため、鉄道の開通も予定より前倒しされた。1914年1月に湖南線、9月には京元《キョンウオン》線（京城・元山間）が開通した。開幕式の日、京城には日の丸を含めた万国旗がはためき、開会式には2万人が押し寄せたという。

1、2号館、審勢館、美術館、機械館などの展示館が設けられた。目新しい展示品の多くは日本製で、朝鮮のものはカマスや藁《わら》などにすぎない。朝鮮人たちは珍しい「舶来品」を見るために、そして、かつて王様が住んだ宮廷を見るために「共進会」に集まった。

庶民は出入りできなかった神聖な宮廷が、展示会場に落ちぶれたのを目にした朝鮮人たちは何を感じたのだろう。朝鮮王朝の権威と郷愁を消し去ろうという日本側の意図が多分に見られるイベントである。会期中、訪問客は120万人を超えた。

1929年、朝鮮植民地統治20年の成果を誇るために開催された朝鮮博覧会はさらに大規模だった。景福宮の裏手に10万余坪に及ぶ展示スペースを確保し、「満蒙館」「台湾館」「サハリン館」など海外館も設けられた。

暗い植民地生活の中でも、「博覧会に行こう！　ソウルにいこう！」という浮き足立つ雰囲気がないわけではなかった。とはいえ、一般庶民の博覧会への反応はそれほど芳しくはなかったという。『魅惑の疾走、近代化の横断』（パク・チョンホン）には次のように書かれている。

——計画では1日2万人が見込まれていたが、当初の来訪者は半分にも満たなかった。総督府は不安になったのか、地方に対して博覧会を見物するように陰に陽に圧力をかけた。朝鮮人たちははるばる田舎から列車に乗って京城に来て、博覧会場を見物しなければならなくなった。これが功を奏したのか、朝鮮博覧会は予想以上の成功をおさめた——

博覧会は京城に流入する人口を増加させた。博覧会を見るために上京した地方の朝鮮人が京城の発展した姿を目の当たりにし、職を求めて上京することが増えたからである。

今はなき朝鮮総督府

勤政殿から景福宮の出入口の役目をする興礼門《フンイエムン》を出ると、広い広場とともに「光化門《クァンファムン》」が見えてきた。

日本は1915年10月、朝鮮物産共進会を終えると、翌年から景福宮の正門である光化門のすぐ裏側にある興礼門（現在の興礼門は2001年10月に復元されたもの）を壊し、法殿である勤政殿とのあいだに朝鮮総督府の建設を始めて1926年に完成させた。

それまで朝鮮総督府は、南山の北側にあった倭城台《ウェソンデ》の統監府の建物を使っていた。日本は総督府の新しい場所として、朝鮮王朝の王宮である景福宮を選んだ。あきらかに意図的な選択だった。

国内外から最高級の建築資材を集め、設計に4年、工事に10年を費やして完成された朝鮮総督府は、当時流行した和洋折衷のルネサンス様式であった。東洋最大の建築物とされ、投入された資材も贅を尽くしていたという。工事に使われた鉄筋の総延長は1320里、セメントは6万2000袋で、積み上げると高さは3万4091メートルになるという。

私も何度か訪れたことがあるが、その建物から受ける圧迫感は並大抵ではなかった。威風堂々たる朝鮮総督府の建物に隠れて、朝鮮王朝の景福宮はあきらかに見劣りがする。朝鮮人の民族意識を衰えさせ、植民統治を象徴する建物だったというのが実感できた。

撤去作業が開始される2年前（1993）の国立中央博物館（旧・朝鮮総督府）の偉容。

現在のソウル市庁（旧・京城府庁）の姿。2002年のワールドカップのとき赤く染まったロータリーは改修され、サラリーマンが憩う広場となっている。

総督府の建物を真上から見ると、「日」の字を模している。そして、景福宮の背後にある北漢山の姿は「大」を表わしているという。さらに、ここから世宗路《セジョンノ》（光化門前の大通り）を一キロほど南に下った京城府庁舎（現・ソウル市庁）を「本」に模して建て、ソウルのど真ん中で「大日本」という文字を完成させたのだという説がある。

解放後、ここは米軍庁舎となり、後に韓国の政府庁舎ともなった。1986年以降は国立中央博物館として使われた。

1995年、「撤去せよ」「保存せよ」という議論を巻き起こした末、植民地統治時代の残滓を清算し、景福宮を復元しようという意図で撤去されることになった。日本によって傷つけられた景福宮が、徐々に痛手から立ち直っているように見える。

今、光化門はソウルの世宗路のランドマークのような存在だが、朝鮮総督府を建てたときには撤去の危機を迎えそうになったことがある。

1922年、日本が光化門を壊そうとすると、朝鮮の文化と芸術を愛した日本人である柳　宗悦《やなぎむねよし》はこう主張した。

「友邦のため、芸術のため、都市のため、なおかつその民族のため、あの景福宮を求める」

この抗議により景福宮の関門である光化門は撤去の難を免れたといわれている。

しかし、1926年、朝鮮総督府の建物が完成すると、再び光化門を撤去する動きが起こった。しかしまたもや反対する世論が強く、1927年9月、光化門は景福宮の東門である「建春門《コンチュンムン》」側に移築された。

「今の光化門は1927年に移築された光化門とはちがいます。オリジナルは朝鮮戦争で焼失してしまい、今建っているのは1968年に復元されたコンクリート製です」

多くの日本人観光客が光化門の前を通るとき、ガイドから聞かされるエピソードがある。それは光化門の両脇に立つ動物像についてだ。確かに日本人にとっては見慣れない動物である。

これは是是非非を選り分けるとされる「ヘテ」と呼ばれる空想上の動物だ。王室の権威と威厳を象徴するとともに、景福宮を建立する過程でよく火事が起こったため、その火気を鎮《しず》めるために置かれた像である。

このヘテ像もまた、日本による受難の経験者である。1923年、「朝鮮副業品共進会」の開催に際してヘテ像を勤政殿の西側に移し、1929年12月には総督府前に移転した。現在の光化門前に移されたのは1968年の光化門復元のときだった。

まっすぐな道路をつくりたがった日本人

光化門からソウル市庁に向かって世宗路を歩く。

朝鮮時代にはこの道の両側に六曹（官公署）があったため「六曹通り」と呼ばれた。

「広い道路でしょう。でも、『六曹通り』と呼ばれた時代にはもっと広くて、日本人も驚いたといいます。植民地時代は『光化門通り』と呼ばれ、解放後に『世宗路』になりました」

「世宗路の真ん中の李舜臣《イスンシン》将軍の銅像はいつからあるんですか？」

「1968年に立てられたものです。もともとはハングルをつくった世宗大王の銅像が立てられる予定でしたが、当時の朴正熙大統領の指示で、代表的な武将である忠武公（李舜臣の諡号《しごう》）の銅像が立てられたといいます。その後、世宗路のシンボルになりましたが、景福宮の前に将軍の銅像は似合わないという意見も出ています。地名にふさわしいものにするなら、忠武路《チュンムロ》にないといけないですよね」

などと助手と話しながら、世宗路の交差点に至る。

「朝鮮の首都である漢陽《ハニャン》に景福宮が建てられ、その左右に東大門と西大門、そして、南側には南大門が建てられました。この交差点を見ると、右手に西大門が、左手に東大門があったんです。東西の門をつなぐ道路が『鍾路』で、一般にこの交差点を基準に左側のエリアを『鍾路』と呼びます。『鍾路』は植民地時代、朝鮮人中心の商業地だったんです」

ソウル地理談義は続く。

「鍾路は清渓川《チョンゲチョン》とともにソウルの東西方向の軸になります。一方、景福宮を基準に南北に走る道路は私たちが歩いてきたこの世宗路でした。いま、世宗路とまっすぐつながっている道路は太平路といい、日本によってつくられたものです。もともとはこの交差点から先に道路はなかったそうです。太平路《テピョンノ》は京城府庁舎（現・ソウル市庁）を通り、南大門を経て京城駅（ソウル駅）に至る直線道路です。日本が直線道路を整備したのは、反乱などを効率的に封じ込める狙いがあったといわれています」

「ということは、太平路は朝鮮時代にはなかったんですか？」

「はい。漢陽の関門である南大門に行くには、ここから左に向かい鐘閣《チョンガク》交差点を通って今の広橋《クァンギョ》（清渓川の上にあった橋で、今は橋はないが名前だけ残る）を渡り、乙支路入口《ウルチロイック》（植民地時代の「黄金町」）を経て、韓国銀行前の南大門路を歩いて、南大門に着いたといいます。東西方向の道路は一直線になっていたのに、なぜ南北の道路がここで途切れて、まっすぐつながっていなかったのか、はっきりした理由はわかっていません。南大門から景福宮まであまり直線的につなげるのを避けようとしたという説もあります。でも、そういった伝統的な道筋は植民地時代に入って変わっていったんですね。最も大きく変わったのが南北に走る通り、つまり光化門から京城駅までをつなぐ直線道路が設けられたことでした。この新しい南北の道路を軸に3つの大きな建物、ソウル駅、京城府庁舎、朝鮮総督府が建てられました。当時整備された道路が今もソウルの中心部を形成して、そのまま使われているんです」

私たちは鍾路は後回しにして世宗路の交差点を渡り、太平路沿いをソウル市庁に向かった。

ソウル支庁は本当に「本」の字？

ソウル市庁（旧・京城府庁舎）に到着した。

最近、造成された市庁広場には、昼休みを利用して散歩するサラリーマンの姿が目立った。2002年のワールドカップ当時、韓国選手を応援する人々が集まって巨大な赤い波をつくった場所だといったほうが、わかっていただけるかもしれない。

現在のソウル市庁は、京城府庁舎の建物を6回増改築しながらそのまま使っている。面積は当初の2485坪から6000坪あまりに増えており、形もずいぶん変わった。

京城府庁舎の設計は朝鮮総督府の建築課長である岩井長三郎が引き受け、地下1階、地上3階の近代的な石造建物が1926年完成した。

京城府庁舎は1910年以来、京城理事庁（現在、中区にある新世界百貨店の場所）の建物を使っていたが、業務が増加するにともなって現在の場所に移転することになった。多くの移転候補地からここが選ばれたのには、どんな理由があったのだろうか。

日本人の商業地区から近く、周囲よりも小高くなっているという理由がまずあげられる。

ソウル新聞社ビルの高層階から見下ろしたソウル市庁。左右が対象だったら「本」の字に見えなくもない。

現在のウェスティン朝鮮ホテル（旧・京城鉄道ホテル）の裏手にある八角堂。高宗が皇帝に即位した圜丘壇の名残りだ。

そして、黄金通り（現・乙支路）と南大門通り（現・南大門路《ナムデムンノ》）、そして太平路を結ぶ三角地帯であり、外国人たちが多く住んだ長谷川通り（現・小公洞《ソゴンドン》）とも結ばれた要衝だった。高宗が22年間過ごし、「3・1万歳運動」が最も激しかった徳寿宮《トクスグン》を見下ろせるという理由もあったとされている。つまり、朝鮮人の王を敬う意識と民族意識を象徴する場所に庁舎を建てて、日本の威厳を誇示しようという意図があったというのだ。

景福宮の前に建てられた朝鮮総督府、徳寿宮の前に建てられた京城府庁舎……同じ朝鮮王朝を象徴する場所に建てた点に、日本の意図を感じたとしても不自然ではない。

建物の内外の装飾は慎ましく、官公署というイメージにぴったりの硬い印象だ。

前述のように、京城府庁舎を上から見ると、「本」の字の形をしているという。私たちはそれを確かめるために、ソウル市庁の裏手にある高層ビルに上った。

「本」の形をしているような、していないような……。

日本が朝鮮民族の生気を奪い、永久統治を企てるために朝鮮の心臓部に「大日本」を象徴する建物を配置したという説は、事実として信じられている。しかし、具体的な史料はなく、こじつけが過ぎるのではという意見ももちろんある。

京城府庁舎の場合、当時の建築関係の雑誌に「山」や「弓」の字を象った模様だという話は何度も出てくるが、「本」の字については言及されていないという。

「大日本」説は事実なのか。今まで漠然と信じていたことが疑わしくなってしまった。

ソウル市庁の向かい、徳寿宮の石垣沿いの道が終わる右手に「ソウル市議会」がある。植民地時代には「府民館」、今でいう市民会館だった。かつて興天寺という寺があった場所に1935年に竣工された地下1階、鉄筋コンクリート3階建の建物だ。

建てられた経緯がちょっと変わっている。

当時、「京城電気」という会社が京城市内の電気やガスの供給から電車の運営までを独占して莫大な利益をあげていた。しかし、株主のほとんどは東京に住む日本人だったため、京城府民や府議会が反発。「京城電気」と交渉し、当時のお金で100万ウォンの助成を受け、50万ウォンで府民館を、残りの50万ウォンで府民病院を建てた。

当時、ほとんど毎日演劇や講演などが行なわれ、多くの民衆が文化に親しむ空間としての役割を果たしていたことは確かだ。もっとも、当時の状況では親日的な要素の強い内容のものが多かったとされている。

1940年前後の戦時体制になると、その役割も変質し始め、「皇民化」をうたう政治集会やプロパガンダ芸術の舞台となった。代表的な近代小説家である李《イ》光《クァン》洙《ス》などの朝鮮人知識人、いわゆる親日派らが学徒志願兵を奨励する演説会を開いた場でもあった。多くの青年を戦場へと駆り立てる結果となり、韓国人にとっては恨みと哀しみとが詰まった場所である。

1945年7月24日、代表的な親日派である朴春琴《パクチュンクム》が結成した大義党が主催し、朝鮮総督や軍司令官などが参加した「アジア民族憤激大会」が開かれた。午後6時頃、朴春琴の講演が終わり、弁論大会が始まろうというとき、府民官内部で2個の時限爆弾が爆発した。1人が死亡し、数十人が負傷した。大韓青年愛国団が日本に抵抗して起こした爆弾事件だった。京城の心臓部で決行された爆弾事件によって京城には非常事態が宣言された。

解放後、1950年から1975年までは韓国の国会議事堂として使われ、波乱の韓国現代政治史の現場となった。1975年に国会議事堂が汝矣島に移転した後は市民会館となり、世宗文化会館別館として使われ、1991年からはソウル市議会が議事堂として使っている。

「ロシア公使館」に亡命した王様

徳寿宮裏の貞洞《ジョンドン》一帯に向かう。

貞洞劇場からNANTA専用劇場のほうへ歩くと、白いアーチをもつ塔型の建物が見えてきた。ここは旧ロシア公館。正式には「旧ロシア公使館塔」である。このあたり、つまり貞洞一帯は19世紀末、外国公館が集まり、朝鮮半島を巡る激しい外交駆け引きの現場となった。

1883年に米国公使館（現米国大使官邸）が建てられ、翌年には英国公使館が、その翌年1885年にはロシア公使館が相次いで建てられた。

外国公館に続き、自然に近代的な学校と教会が設けられた。

韓国最初の近代教育機関である培材学堂《ペジェハクタン》（1885年）と梨花学堂《イファハクタン》（1886年）が開校し、近代教育の出発点となった。

韓国キリスト教初の建築物である貞洞第一教会も1898年、赤レンガの今の姿で建てられた。さらに、ソウル初の洋風宿泊施設であるソンタグホテルも開業（1902年）し、外国人あるいは朝鮮人たちの社交場となった。

現在も米大使官邸、英国大使館、貞洞第一教会は残っており、貞洞第一教会の裏手には、2002年に開館した12階はあると思われるロシア大使館がそびえている。

「当時、ロシア公使館が建物の規模も敷地の広さも一番で、他国の公使館を見下ろす丘の上に建っていたといわれています。朝鮮戦争でほとんどの建物が壊されて、塔と地下2階しか残らなかったものを修復したのが、今残っているこの塔です」

旧ロシア公使館塔を見上げている助手にそういった。

ここに来たのは、朝鮮の近代史上の大事件と関係が深いからである。

国王高宗は、王妃を殺害された後、景福宮に幽閉され、自分もいつか暗殺されるかもしれないという不安に怯えていた。1896年2月11日午前7時頃、女装した高宗と皇太子は宮女用の神輿《みこし》に乗って景福宮を脱出した。高宗はロシア公使館に身を寄せることとなった。事前に計画された通りであった。この一連の事件を俄館播遷《アガンパチョン》（露館播遷）と呼ぶ。

半島の主導権を日本から取り戻そうと躍起になっていたロシアと、日本をけん制するためにロシアを利用したい高宗との利害関係が一致したことから計画された「亡命」劇だった。

高宗は1年間以上、ロシア公使館で国政にあたった。ロシアと日本は武力衝突を避けるため何度も交渉を重ね、いくつかの協定を締結した。しかし、日本は水面下でロシアとの戦争の準備を進めていたのである。

高宗は国王としての存在感を国内外に示すとともに、国民の期待に応えるかたちで還宮を決めた。還宮の場所は景福宮ではなくロシア公使館に接し、米英の公使館にも近い慶運宮《キョンウンクン》（現・徳寿宮）であった。日本の脅威から逃れ、外交を通じて助けを求めるしか道がなかったからだ。

高宗は日本軍が慶運宮に突入する事態に備え、また身近の安全をはかるためにロシアや米英の各国公使館と慶運宮を結ぶ道路を設けた。

弱体化した王朝の運命と国王の不安を象徴するような哀しき逸話である。

慶運宮に戻った高宗は国号を「朝鮮」から「大韓帝国」と改めて皇帝に就任し、皇帝主導の改革を断行しようとした。しかし、朝鮮半島をめぐる国際情勢の流れに抗することはできず、結局改革は失敗してしまった。

日露戦争で勝利した日本は、1904年8月に締結した「第1次日韓協約」に引き続き、1905年11月、軍隊を慶運宮に突入させて高宗と大臣らを脅威し、「第2次日韓協約」を結ぶように強要した。「第2次日韓協約(乙未条約)」の締結によって、「大韓帝国」はかたちばかりのものとなり、日本の覇権はさらに揺るがぬものとなった。

高宗皇帝は1907年、純宗に譲位した後、純宗皇帝が昌徳宮《チャンドックン》に移された後も慶運宮に住んだ。当時から高宗皇帝の長寿を祈る意味で慶運宮を「徳寿宮」と呼ぶようになった。

高宗は1919年1月に亡くなるまでここで過ごした。毒殺説もささやかれた高宗の逝去は「3・1独立万歳運動」を招く直接のきっかけとなった。

この一帯は、今ではカップルの多いデートコースでもあるのだが、過去を振り返ると、朝鮮民族の負った傷が癒されぬまま残っている場所であることがわかる。

ホテルになった圜丘壇《ウォングダン》

市庁広場を望むプラザホテル左手の道路(小公路《ソゴンノ》)に沿って歩くと、左手に朝鮮ホテルがある。このホテルの前身は1914年9月に開業した京城鉄道ホテルだ。地下1階、地上4階のレンガ建築で、69の客室をもつ、当時としては豪華絢爛たるホテルであったという。

日本は朝鮮半島で鉄道の敷設を精力的に進めた。日本の朝鮮支配が安定するにつれて、鉄道旅行をする日本人や外国人が増えるようになった。

増加する旅行者に対応するために宿泊施設が必要になり、その当時、観光旅客業務を担当していた朝鮮総督府の鉄道局が主要鉄道の駅周辺にホテルを建築した。その代表格がこの京城鉄道ホテルであった。

解放後、京城鉄道ホテルは半島ホテルと呼ばれたが、1968年に取り壊され、同じ場所に現在の朝鮮ホテルが建てられた。

京城鉄道ホテルが建てられる前、ここには国王が天に対する祭祀を執り行なう圜丘壇があった。1897年10月、慶運宮に戻ってきた高宗が国号を「大韓帝国」と改め、臣下たちを従えてここ圜丘壇で天に告げて、皇帝に即位した。

日本は朝鮮王朝最後の自立性を象徴する圜丘壇を1913年に取り壊し、その場所に京城鉄道ホテルを建てた。祭祀を執り行なった神聖な場所がホテルに変わるのを見た国王をはじめとする朝鮮人はどう感じたことだろう。

ホテル入口の左側にまわると、「八角堂《パルガクダン》」と「石鼓《ソッコ》」がある。これは単にホテルの庭園の一部としてつくられたのではなく、圜丘壇の一部が残っているものだ。わずかな圜丘壇の痕跡は、なんともいえぬもの悲しさをたたえている。

朝鮮ホテルを出て、小公路沿いに韓国銀行本店のほうへ向かった。

韓国銀行に着いたら銀行の前に立ち、噴水のある交差点を見てみよう。いつも車がひしめくこの場所は植民地時代、「鮮銀前広場《せんぎんまえ》」と呼ばれた。当時の写真を見ると、三角形の広場には電車が通り、広場の周りに銀行やデパート、郵便局などの近代建築が立ち並ぶ。最も賑やかな、経済と商業の中心地だった。高い建物がないせいか、あるいは車が少ないせいか、今よりもずいぶん広く見える。広場の正面には赤レンガの中央郵便局があり、左手には巨大な花崗岩を積み上げた壮麗な建物・朝鮮銀行本店があった。右手には同じく花崗岩を外壁に使った朝鮮貯金銀行と、ルネサンス様式の三越百貨店京城支店が並ぶ。中央郵便局の左に入ると、中国総領事館があった。

現在でも基本的な骨格は変わっていない。電車が車の洪水に代わったくらいのものだ。朝鮮銀行は「韓国銀行」に、三越百貨店は「新世界百貨店」に、朝鮮貯金銀行は「第一銀行」に名前を代えたものの、おおむね当時の姿をそのまま残している。赤レンガの京城中央郵便局の場所には当時の建物こそなくなったが、新築工事中のソウル中央郵便局がある。中国総領事館はなくなったが、華僑らが経営する商店と華僑学校が残っている。

典型的なルネサンス様式の石造建築だった朝鮮銀行は日本人・辰野金吾の設計によるものだ。1907年11月に着工され、1912年1月に完成した。解放後には韓国銀行となり、朝鮮戦争で火災のため大きな損傷を受けた。1956年、米国の援助によって臨時に修復され、1987年11月から本館の復元工事が始まり、1989年6月に完了した。本館1階には2001年6月から貨幣・金融博物館となっており、韓国の金融史が展示されている。

日本人の町だった南村の「本町」

1936年、京城の人口は72万7000人で、うち10万人が日本人だったという。実に7人に1人が日本人だったのだ。彼らは主に南山のふもと、今の中区《チュング》と龍山区《ヨンサング》に住んでいた。なぜ日本人が、南山のふもとに住むようになったのだろう。

朝鮮王朝の首都・漢陽《ハニャン》では、都の中央を流れる清渓川を境に、宮廷がある光化門路を中心にした「北村」には権勢を誇る官僚らが住み、南山のふもとにある今の忠武路など「南村」には、官僚になれなかった貧しい両班や軍人らが住んでいた。南村はパッとしない、特に関心を集めるような場所でもなかったのだ。

日本の植民地支配が安定するにつれ、ソウルに集まる日本人の数は増えていった。新しくやって来た彼らは、もともと朝鮮人たちが密集している場所よりも、広々した敷地が得られる南村を選んだのだ。これによって、都市の構造は激変した。

南山のふもと、すなわち本町（現・忠武路）と明治町（現・明洞）などの「南村」は、日

1930年代の本町通り。日本人観光客の多い世宗ホテルの裏通りと思われる。影の向きから判断すると、現在の忠武路側から明洞方向を撮影したようだ。

現在の明洞側から忠武路方向を撮影したと思われる本町通り。右手の看板には「大澤商会京城支店」と書かれている。

本人中心の居住地と商業地区をもつ近代都市に生まれ変わった。一方、もともと朝鮮人の商店が多かった鍾路や光化門などの「北村」は、朝鮮人居住地と商業地区をもつ前近代的な都市となった。

特に、現在の忠武路、明洞《ミョンドン》、筆洞《ピルドン》、会賢洞《フェヒョンドン》などの地域は、日本の大都市をそのまま持ち込んだような雰囲気だったという。日本風の住宅や商店が密集し、下駄履きで着物姿の日本人が闊歩《かっぽ》するのが日常的風景だった。

「南村」の本町（忠武路）、明治町（明洞）、黄金町（乙支路）には日本人が経営する雑貨屋とともに、「三越百貨店」（１９３０年開業、今の新世界百貨店）をはじめ、洋服専門店「丁字屋百貨店」（１９２１年開業、現・明洞ロッテヤングプラザの場所）と「三中井百貨店」（１９２２年開業、現・忠武路１街付近）、「平田百貨店」（１９２６年開業、現・忠武路入口付近）などが進出し、商業の中心地であった。

そのうち、忠武路１街（現在、ソウル中央郵便局があるところ）から忠武路２街である世宗ホテルの裏通り（珍古渓《チンゴゲ》と呼ばれたところ）には、洋品店、洋靴店、時計店、カフェなどが整然と並び、朝鮮における最先端スポット、流行発信基地となっていた。当時の姿を残す建物を探すのは難しいが、今も明洞エリアとともに韓国最大の商業地区になっている。

１９１０年代以前、南村の商店街の顧客は主に日本人で、朝鮮人の需要は低かったという。

朝鮮人にとっては伝統的な行商を通して、あるいは市場での買い物が一般的だったからだ。また、日本商人たちによる朝鮮人差別も、毛嫌いする理由のひとつだったろう。

しかし、朝鮮人の生活慣習も変化し、日本による文化的な支配が強化されるようになると、南村の商店街も朝鮮人の顧客を引きつけ始めた。ショーウィンドーに陳列された新商品、「いらっしゃいませ」と、ていねいにあいさつをする店員、そして商品をきれいに包装してくれるサービス……こうした誘惑に朝鮮人たちも目を向け始めたのだ。特に１９２０年代、日本留学を通じて日本文化と日本式の生活様式に慣れた知識人、俗にいうモダンボーイ（ガール）たちは、日本そっくりの本町などに親しみを覚え、南村の商店やカフェなどを利用し始めた。

日本資本が商圏を広げるなか、朝鮮人が民族資本を形成し、朝鮮人の商圏をかろうじて守ったのは北村の鍾路と東大門市場だった。

「民族の通り」鍾路

伝統的な韓屋《ハノク》（韓国式家屋）が密集していた北村。今でもソウルで韓屋を見ようというときは北村に行く。植民地時代、南村の本町と好対照をなしたのが北村の鍾路だ。

鍾路は、朝鮮が初めて建国されたときから景福宮の前にある通りで、地理的に朝鮮の政治と文化・商業の中心になる宿命を背負っていた。

植民地時代、「民族の通り」とよばれた朝鮮人街・鍾路に焦点を当ててみよう。

私たちは鍾路交差点、別名「チョンノサゴリ」の一角にある普信閣《ポシンガク》の前にいる。

かつては城門が開いたり閉まったりするたびに、普信閣の鐘を鳴らして知らせたという。鍾路という名前もこれに由来する。今この鐘の音が聞けるのは、大晦日の夜12時の『除夜の鐘』だけだ。

植民地時代の鍾路は北村のなかで最も賑やかな商業の中心だった。33階建ての鍾路タワーがある場所には、朝鮮人資本で建てられた和信百貨店があった。鍾路に近代的な商店ができたのは1920年代のことである。南村が工業製品を中心に扱ったのに対し、鍾路の朝鮮人商店が扱ったのは主に米、魚といった食料品、布や紙などだった。

1930年代初め、朝鮮人資本家も顧客重視の日本式商法などを採り入れるようになる。南村の三越などの日系百貨店に対抗して、鍾路通りに和信百貨店や東亜百貨店を相次いで開業して反撃に出た。朝鮮人資本家・朴興植《パクフンシク》が創業した和信百貨店は朝鮮人の間で大人気となり、南村に比べてふるわなかった北村の繁栄の起爆剤となった。エレベーターとエスカレーターの設置も話題になり、動物園のあった昌慶宮、南山とともに観光地としても賑わった。

残念ながら、1988年、鍾路の再開発によって撤去されることとなり、現在その場所に

三清洞通りを右折して北村通りに入り、100メートルほど歩いたところで見つけた日本家屋。丸窓は色違いのステンドグラスだったのではと思われる。

三清洞通りで出合った日本家屋を改造したシューズ・ショップ。前面をガラス張りにして女性用の靴をディスプレイしている。

は前衛的なデザインの巨大な鍾路タワーが街を見下ろしている。「民族の町」と呼ばれた鍾路には、なんとなくそぐわないと思うのは私だけだろうか。

交差点をはさんで「普信閣」と対角線上には第一銀行本店がある。ここに朝鮮人にとって恐怖の象徴である「鍾路警察署」があり、独立運動家の弾圧で特に悪名高い機関だった。当時、朝鮮でいう初級警察を「巡査《スンサ》」と呼んだ。「泣く子も黙る」といわれるほど、巡査は朝鮮人の日常生活を厳しく統制した。

憲兵警察統治（武断統治）の時代（1910～1919年）には、黒い制服を着て、腰に刀をぶら下げて歩いているだけで威圧感を与えたという。歩くと「チョルゴドック」という音がしたため、この音を聞くだけで朝鮮人たちは震え上がった。巡査たちの朝鮮人に対する言葉づかいもひどかったという。ドラマや映画で「朝鮮人のクセに……」「おい、コラ！」「バカヤロウ」と朝鮮人を罵倒するのが典型的な巡査の姿だった。

「しっかり隠れて。髪の毛が見えるかも。しっかり隠れて。髪の毛が見えるかも」

韓国人なら誰もが歌ったことのある童謡の歌詞に、植民地時代の巡査の取り締まりがオーバーラップするシーンがある。何も悪いことなどしていなくても隠れてしまいたかったのが、朝鮮人たちの現実だったのだろう。

当時の鍾路の風情として欠かせないのが「夜市」である。鍾路には昼間と夜、2つの表情があるといわれた。普信閣から鍾路3街の映画館の通りまで夜市が並んだ。1坪ずつのスペースに道路の3分の1ほどを占める屋台が設けられ、電灯が灯る。食べ物、雑貨、衣類、本などあらゆるものが売られていたが、ほとんどが安価なものであった。デートの場所ともなっていたし、お金のかからないウィンドーショッピングを楽しむ人も多かった。日本人が来ることはなかったという。華やかな本町とは、まったくちがった風情であったことが想像できる。

最近ヒットした『野人時代』というドラマに登場して有名になったのが、鍾路にあった映画館「優美館」だ。『野人時代』は、『将軍の息子』と同様、植民地時代に鍾路を舞台に活躍した侠客・金斗漢《キムドゥハン》を描いたドラマである。「優美館」の店員として働く金斗漢にとって、優美館は彼のシマを鍾路一帯に広げていく基点である。

金斗漢は鍾路で勢力を拡大しようとする日本商人に対抗し、鍾路の商圏を守るのに貢献した人物として評価されている。その過程で巻き起こす日本のヤクザ勢力との戦いが、彼を素材にした映画やドラマのハイライトだ。

優美館は1910年、鍾路2街に開業した朝鮮初の常設映画館である。レンガ造りの2階建てで、1000人ほどが収容できたという。初期には無声映画を、1928年には朝鮮で初めて音の出る活動写真を上映し、鍾路3街の映画館・団成社《ダンソンサ》と集客を競ったという。

鍾路書籍から鍾路3街のほうに歩き、マクドナルドのある横道に10メートルほど入ると、右手にビアホールがある。かつてはそこに「優美館」があったが、今はその姿を見ることはできない。1959年に火災で焼失してしまったからである。

一方、南村には若草劇場、黄金座、明治座などがあった。現在、若草劇場はスカラ劇場となって残り、当時の面影をたたえている。ほとんどの映画館が巨大シネマコンプレックス化していくなかで、国内唯一の単館ロードショー館であり、レトロな雰囲気が映画ファンの心をくすぐる。昔の郷愁を残すこの映画館をわざわざ訪れるファンも多い。

現在の鍾路で、60年以上昔の姿を見つけることはなかなか難しい。ただ、記憶のなか、そして写真のなかの鍾路の姿をもとに想像するしかない。

「南大門」がポツンと残された理由

南大門は文字通り、寂しく門だけ残っている。しかし、100年ほど前には、きちんと城壁がつながっていた。

朝鮮時代、漢陽(現・ソウル)は城壁に囲まれた城郭都市で、要所要所に城郭に出入りする門があった。日本は都市計画という口実で、これらの城壁を破壊した。南大門の両側にあったはずの城壁も壊されてしまった。南大門の城壁の破壊にはこんなエピソードがある。

１９０７年、当時皇太子だった大正天皇の漢陽入場を控え、日本は「植民地朝鮮の門の下を皇太子が通ることはできない」という理由で「城壁処理委員会」という組織までつくって城壁を撤去した。その結果、南大門は孤島のように残されることになってしまった。城門としての役目を果たしたのは、遠い昔のことなのだ。

城壁は崩れたものの、人々は南大門の下をあいかわらず行き来した。１９１０〜１９２０年代の写真を見ると、路面電車は南大門横の道路を走っているが、１８９９年の運行開始からしばらくは、電車は南大門の下をくぐっていたのである。そのときに城壁を壊さなかったのは、朝鮮人の反発を懸念したからといわれている。

広大な南大門交差点からソウル駅のほうへ向かった。この道路は植民地時代、盛んに拡張工事が行なわれた。軍事施設が集中していた龍山に向かう道路だったからである。

ソウル駅が東京駅に似ているわけ

韓国の鉄道の歴史は京仁線《キョンイン》から始まった。京仁線は日本企業によって１８９９年９月に仁川・鷺梁津《ノリャンジン》間（33・2キロメートル）を結んで開業した。１９００年には漢江《ハンガン》鉄橋が完成し、南大門駅まで開通。この南大門駅が１９１０年に改名されて「京城駅」となった。

京釜線《キョンプ》（１９０５年）、京義線《キョンウィ》（１９０６年）、京元線《キョンウォン》（１９１４年）の開通で、京城は鉄道交通の中心となり、その役割が大きくなるにつれて新しい駅舎が必要になった。

南満洲鉄道株式会社（満鉄）は、京城駅を日本、朝鮮、満洲を結ぶ国際水準の駅舎にせねばならないと判断し、新しい京城駅を1922年6月に着工し、1925年9月に完成させた。これが今のソウル駅の建物である。

丸いドームと赤レンガが際立つソウル駅が見えてきた。

植民地時代から今に至るまで韓国の近代史を目撃してきた駅。KTXの開通とともに建てられた新ソウル駅が脚光を浴びているため、昔ほどの存在感はなくなってしまったが、建てられた当時はその規模と豪華さにおいて朝鮮総督府とともにソウルの近代化を象徴する建築物であった。

ソウル駅を見て東京駅を思い浮かべる日本人は多い。

それは決して不思議なことではない。ソウル駅は朝鮮総督府に勤務したドイツ人技士C・K・ラディンと東京大学の建築科教授であった塚本靖の合作として知られている。

塚本靖は朝鮮銀行本店を設計した、日本近代建築の父である辰野金吾の弟子である。辰野金吾はアムステルダム駅にならって東京駅を設計した。その弟子である塚本靖は師匠の作品・赤レンガの東京駅にならって京城駅を構想したといわれている。

当時、駅の1階には待合室、2階には貴賓室と床屋、食堂があり、地下には駅事務所があった。2階にあった洋式食堂は当時のセレブたちが集まる社交場として名声を誇ったという。駅舎の軒には直径1メートルを超える大きな時計が掛かっている。まだ時計が貴重品だった時代に、庶民に時刻を知らせる役割もあったらしい。現在あるソウル駅の時計は1957年に入れ替えられたものだ。

ソウル駅の時計だけでなく、朝鮮では鉄道そのものが庶民の時間感覚を大きく変える役割を果たした。農耕社会で暮らしていた朝鮮人には、分・秒単位にまで時間を切り分けるような西洋的な時間の概念はなかった。

しかし、列車は決まった時刻に出発する。人々は列車に乗るために、時刻を気にしなければならなくなった。朝鮮の庶民は鉄道が入ってきたことにより、近代的な時間感覚を学んだのだった。

京城駅は海外への窓口でもあった。列車に乗れば、北朝鮮の鴨緑江《アムロッカン》を通って中国に行くことができた。日本の大陸侵略という軍事目的のためにつくられた路線である。

朝鮮戦争で南北が分断されると、列車で中国大陸に向かうことはできなくなった。最近、南北の和解ムードによって京義線を復活させて北東アジア大陸鉄道網を連結しようという動きが話題になった。

つまり、朝鮮半島から中国、ヨーロッパまでが陸路でつながるのだ。

もし、この構想が現実のものとなれば、ソウル駅はもう一度、海外に向けての窓口の役割を果たすことになる。もちろん、大陸侵略と収奪の象徴である「京城」という名ではなく、国際化と和平、経済的な繁栄を象徴する「ソウル」という名で。

京城駅がソウル駅に変わったのは1947年。京城駅という名が消えてから60余年がたつ。しかし、すべてが変わったわけではない。京釜線、京義線、京春線といった路線の名前の中に、「京」がそのまま使われている。植民地時代の残滓だから変えるべきだという意見もある。

日本人用と朝鮮人用に分かれていた「新町遊郭」

日本の植民地支配によって、日本の「公娼制」そして「遊郭」がそのまま朝鮮にも移植された。遊郭は1930年頃には全国25カ所に広まり、大いに栄えたという。遊郭は警察の厳重な監督の下で公定価格によって春を売り、それに相応した税金も課せられていた。

ソウルに住んだ日本人居留民団は、現在の中区の墨井洞《ムクチョンドン》に8300坪の土地を確保し、1904年から翌年にかけて、いわゆる「新町遊郭」をつくった。

植民地朝鮮の遊郭の多くがそうであるように、新町遊郭でも、西半分は日本人経営で日本人女性のいる「新町の日本人遊郭村」、東半分は朝鮮人経営で朝鮮人女性がいる「竝木町《なみき》の

2003年まで駅として機能していたソウル駅（旧・京城駅）。その建築美は高く評価されているが、今ではホームレスのたまり場という悲しい一面も。

日の丸の幟や提灯が派手に飾られた新町遊郭の建物。現在、東国大学があるあたりに位置していたが、それらしい建物はまったく残っていない。

朝鮮人遊郭村」に分けられていたという。

朝鮮式建物の朝鮮人遊郭は規模が小さく、華やかさもなかったため、日本人遊郭とは比較にならなかったという。日本人遊郭では広い玄関の壁に女性の写真を掲げて、客が写真を見て相手を選んだ。一方、朝鮮人遊郭では、玄関の広間に女たちが座っていて客が直接選んだという。

1906年には龍山区《ヨンサング》の桃源洞《トンウォンドン》（当時の弥生町）一帯にも、主に龍山に駐屯した日本軍を相手にする「桃源遊郭」すなわち「弥生町遊郭」もできた。

遊郭の日本女性たちは主に九州から来たという。朝鮮人女性たちの大部分は貧しい農村、漁村の女性たちだったといわれている。

1945年の解放を迎えるまで「公娼」は消えることはなかった。

新町遊郭があったあたりには現在、日本人観光客の利用も多いソフィテル・アンバサダーホテルが建っている。この周辺をくまなく歩き、古い日本家屋はいくつか目にしたものの、娼家造りの家を見つけることはできなかった。

伊藤博文を祠《まつ》った寺院

歴史上の人物に対する評価が日本と韓国でまったく異なっていることは珍しくない。日韓関係にかかわった人物なら、なおさらだ。

　その筆頭が伊藤博文だ。

　韓国人にとって伊藤博文は、朝鮮侵略の張本人であり、植民地支配の基盤を築いた諸悪の根元である。後に独立運動家・安重根《アンジュグン》によって殺害されることとなる。

　しかし、日本人にとって伊藤博文は、明治維新の英雄であると同時に、初代内閣総理大臣であり、日本の近代化を成した功労者として尊ばれている。野口英世、夏目漱石の前の千円紙幣の顔でもあった。

　地下鉄3号線の東大入口駅6番出口のほうに歩くと「奨忠壇《チャンチュンダン》公園」がある。ここは乙未事変（閔妃暗殺事件）当時、日本軍と戦って命を落とした朝鮮人軍人を祠るために、1900年に高宗が壇を構え、春秋に祭祀を執り行なうよう定めた場所である。

　日本は、抗日運動の象徴である彼らに対する祭祀を禁じ、1920年代には桜を植えるなどして公園化して現在に至っている。

　私たちは公園内の奨忠壇碑を見学し、水標橋《スピョギョ》を渡って新羅《シルラ》ホテルのほうに向かった。

　1932年、現在ホテルのある丘を春畝山《しゅんぽさん》と名づけ、伊藤博文を称える博文寺という寺院が建立された。「春畝」は彼の雅号である。

　日本ではなく朝鮮に博文寺を建てた理由として、朝鮮総督府は「朝鮮初代総監伊藤博文の偉業を永久に後世に伝え、日本仏教の振興および日本人と朝鮮人の堅い精神的結合のために企画された」と説明している。

しかし、朝鮮民族の敵である伊藤博文の寺院は、朝鮮人にどう受け取められたのだろう。博文寺の建立とともに、朝鮮の王宮は再び受難の時を迎えねばならなかった。景福宮の木材がそのまま使われ、光化門の両側にあった城壁の石材が石垣に使われたのだ。慶熙宮《キョンヒグン》の興化門《フンファムン》が運ばれて、博文寺の正門となった。

新羅ホテルの門を見た助手が聞く。

「これが博文寺を建てるときに持ってきた門ですか?」

「いいえ。これは興化門ではなくて、新しくつくった正門です。当時の興化門は1988年に慶喜宮が修復されたときに元の場所に戻されました」

博文寺があった場所には韓国式の迎賓館が建てられ、寺の痕跡は見あたらない。今も周辺は風光明媚だが、当時の旅行案内書には次のような記述がある。

「塵一つ落ちていない境内は自然の老松で取り囲まれて、寺院の丹碧とよく調和を成し、松林を渡る風は巌にむせぶ渓流に和して……」

当時、朝鮮民族の魂を祠る奨忠壇が公園化された一方で、日本民族の魂を祠る博文寺は聖域化されたのだ。

日本人自身が解体、焼却した朝鮮神宮

「朝鮮神宮があった南山公園に行く道はいくつかありますが、今日はヒルトンホテル前から行きましょう。当時、ここから384段の階段が神宮本殿までつながっていたのです」

私は、歩き疲れた様子の助手に告げた。

ソウルに住んでいる者なら、よく南山をドライブしたりするのだが、「朝鮮神宮」があった場所など関心の外だろう。384段の階段といっても、今は跡形もない。坂道を10分ほど歩くと、白い丸屋根の「探究学習館」がある。その右手の階段が384階段の一部だという説はあるものの定かではない。その階段を上がり切ったところが南山植物園で、朝鮮神宮の本殿はここにあったのだが、それらしい痕跡はまったく見つからなかった。

日本人の心のよりどころであり、朝鮮支配の精神的な求心力としての役割を果たした朝鮮神社をはじめ、京城神社、乃木神社、稲荷神社など多くの神社や日本式の寺院は、南山のあちこちに建てられた。

朝鮮神宮は10年余りの工事の後、1925年に落慶を迎えた。「神社」ではなく「神宮」であることからわかるように、天照大神と明治天皇を祠った重要な神社である。

1930年以降、朝鮮人同化政策を進めるために神社参拝を強要したということは前にも

書いた。朝鮮神宮は朝鮮人の同化政策の核でもあった。

多くの朝鮮人が全国から朝鮮神宮を訪れた。自らすすんで来た者もいれば、そうでない者もいただろう。朝鮮神宮を訪れた参拝者は1940年には約215万9000人、1942年には264万8000人に上った。

朝鮮人たちは神社を参拝しながら何を祈ったのだろうか。

解放を迎えると、全国各地にあった神社は朝鮮人たちによって燃やされ、あるいは壊された。侵略と植民地支配に利用された神社に対する朝鮮人の反感は並大抵のものではない。

朝鮮神宮はその後どうなったのか。

1945年8月16日、解放の翌日、朝鮮神宮では「昇神式」が執り行なわれた。祠られている神霊を天に送る儀式である。日本による朝鮮の支配が終焉を迎えたことを意味する。8月24日、ご神体などが飛行機で東京に送られた。そして9月、朝鮮神宮は日本人によって解体され、10月には完全に焼却されたという。

南山のふもと、竜山区厚岩洞《フアムドン》の一帯に「解放村」と呼ばれる場所がある。日本人が住んでいた場所に、解放後、避難民などが定住してつくられた村だ。ここに神社の階段が残されていると聞いて訪ねてみた。

現在、ヒルトンホテルがあるあたりから、南山植物園に至る一帯が朝鮮神宮の境内だった。

豚足横丁で有名な奨忠洞付近、ミョンサ通りで見つけた和洋折衷建築。その造りや規模から見て、かなりの資産家が住んでいたと想像できる。

確かに、竜山高等学校沿いに南山に上る坂道に108段の階段があった。住宅街の一部になっていて、神社の階段とはだれも気づかないであろうほど生活感の染みついた階段だ。子どもたちがジャンケンをしながら上ったり下りたりしている。朝鮮戦争のとき北から避難して来たという通りがかりのおじいさんが、「この階段を上った先に本殿があった」と教えてくれたが、今そのあたりには日本家屋が数軒残っているだけだった。

★読者のみなさまにお願い

この本をお読みになって、どんな感想をお持ちでしょうか。次ページの「100字書評」（原稿用紙）にご記入のうえ、ページを切りとり、左記編集部までお送りいただけたらありがたく存じます。今後の企画の参考にさせていただきます。また、電子メールでも結構です。

お寄せいただいた「100字書評」は、ご了解のうえ新聞・雑誌などを通じて紹介させていただくこともあります。採用の場合は、特製図書カードを差しあげます。

なお、ご記入のお名前、ご住所、ご連絡先等は、書評紹介の事前了解、謝礼のお届け以外の目的で利用することはありません。また、それらの情報を六カ月を超えて保管することもありません。

〒一〇一—八七〇一　東京都千代田区神田神保町三—六—五　九段尚学ビル
祥伝社　書籍出版部　祥伝社新書編集部
電話〇三（三二六五）二三一〇　E-Mail : shinsho@shodensha.co.jp

キリトリ線

★本書の購入動機（新聞名か雑誌名、あるいは○をつけてください）

＿＿＿＿ 新聞の広告を見て	＿＿＿＿ 誌の広告を見て	＿＿＿＿ 新聞の書評を見て	＿＿＿＿ 誌の書評を見て	書店で見かけて	知人のすすめで

★100字書評……韓国の「昭和」を歩く

なまえ

住所

年齢

職業

鄭　銀淑　チョン・ウンスク

1967年生まれ。世宗大学院・観光経営学修士課程修了後、日本に留学。現在、ソウルで執筆・翻訳・取材コーディネートを行う。主著に『一気にわかる朝鮮半島』『図解　あっと驚く、北朝鮮！』『ドキドキ半島コリア探検』『馬を食べる日本人　犬を食べる韓国人』『日本が知らない北朝鮮の素顔』。訳書に『シルミド』『ボクが捨てた「北朝鮮」生活入門』など。
http://www.k-word.co.jp/

韓国《かんこく》の「昭和《しょうわ》」を歩《ある》く

鄭《チョン》　銀淑《ウンスク》

2005年7月5日　初版第1刷

発行者……………深澤健一
発行所……………祥伝社しょうでんしゃ
〒101-8701　東京都千代田区神田神保町3-6-5
電話　03(3265)2081(販売部)
電話　03(3265)2310(編集部)
電話　03(3265)3622(業務部)
ホームページ　http://www.shodensha.co.jp/

装丁者……………盛川和洋　イラスト……………武田史子
印刷所……………萩原印刷
製本所……………ナショナル製本

Printed in Japan ISBN4-396-11013-8 C0225